250 DESSINS POUR NE PLUS FAIRE DE FAUTES

Sandrine Campese

j'envoie

250 DESSINS POUR NE PLUS FAIRE *de fautes*

Gabarit

Ascension

Direction éditoriale : Stéphane Chabenat
Éditrice : Clotilde Alaguillaume
Mise en pages : À vos pages/Stéphanie Gayral
Conception couverture : Philippe Marchand
Illustrations : Isabelle Fregevu-Claracq

Les Éditions de l'Opportun
16 rue Dupetit-Thouars
75003 Paris

www.editionsopportun.com

AVANT-PROPOS

Difficile, le français ? C'est peu de le dire ! Chaque règle de grammaire, ou presque, a ses exceptions. Admettons-le : l'accord des participes passés est un véritable casse-tête. Et la conjugaison ! Pourquoi les verbes ne se comportent-ils pas tous de la même façon ? Quant à la concordance des temps, quelle torture ! En orthographe, ce sont les homonymes, les paronymes, les consonnes doubles, les lettres muettes et les accents qui nous mènent la vie dure. On a donc inventé, dès le XIXe siècle, des phrases amusantes pour venir au secours des écoliers. Ainsi, *Mais où est donc Ornicar*, pour ne citer que la plus connue, a permis de retenir sans peine les conjonctions de coordination *mais*, *ou*, *et*, *donc*, *or*, *ni*, *car* !

Ces moyens mnémotechniques sont surtout efficaces pour dresser des listes. La preuve, pas moins de cinquante phrases différentes sont répertoriées pour énoncer l'ordre des planètes du système solaire ! Comment ne pas y trouver son bonheur ? L'orthographe de certains mots est également facilitée par quelques formules astucieuses. Par exemple : *Nourrir prend deux « R » car on se nourrit plusieurs fois*.

Cependant, l'exercice a ses limites.

D'abord, en s'appuyant sur des sonorités communes entre les mots, certaines phrases peuvent induire en erreur. Qui sait si les adultes qui confondent aujourd'hui « ou » et « où » n'ont pas pris les aventures d'Ornicar un peu trop à la lettre ? Ensuite, on tourne vite en rond. Il est souvent question de chapeau pour l'accent circonflexe (*Le chapeau de la cime est tombé dans l'abîme*), d'ailes pour les deux « L » (*L'hirondelle prend deux « L » car elle vole avec ses deux ailes*) et de pieds pour les deux « P » (*Échapper prend deux « P » car on s'échappe mieux avec deux pieds*). Ironie du sort, d'autres formules, trop longues ou trop tirées par les cheveux, sont parfois plus compliquées à apprendre que la règle elle-même !

Surtout, ces astuces, comme les règles de français, continuent de faire appel à l'intellect. Et si l'orthographe parlait à votre intuition ? Et si l'essence des mots s'appréhendait par les sens ? Et si l'image, dont on dit qu'elle vaut mille mots, se substituait à l'écrit ?

De ce questionnement est née l'idée d'associer la plume et le pinceau, ressuscitant une vieille technique nommée *mnémographie*, où le suffixe *-graphie* s'entend au sens de « dessin ». Au XIXe siècle, le moine allemand Gregor von Feinaigle l'utilisait pour enseigner à ses élèves des événements historiques. En seulement trois coups de crayon, il a notamment représenté la rencontre entre le grand Vizir et le général Kleber lors de la campagne d'Égypte menée par Napoléon Bonaparte.

Pour appliquer cette méthode à l'orthographe, il a suffi de dresser la liste des mots qui sont le plus souvent mal écrits, d'identifier la lettre à l'origine de la difficulté et de la remplacer par un symbole ou un objet. Bien sûr, chaque élément devait avoir du sens et s'intégrer parfaitement au mot, pour que l'image soit à la fois compréhensible, mémorisable et agréable à regarder.

Ouvrons le champ des possibles ! Les plus « visuels » devraient vite s'y retrouver. Les autres auront besoin de solliciter leur imagination. Une légende est là pour les guider. Quant aux inconditionnels du texte, ils se tourneront vers l'explication qui se propose de justifier, étymologie à l'appui, l'orthographe et le sens de nombreux mots, lesquels n'ont cessé d'évoluer au fil du temps. De quoi alimenter le débat sur la nécessité ou non de corriger quelques anomalies orthographiques et, plus globalement, de simplifier le français, à la suite de la réforme avortée de 1990.

Qu'ils soient d'origine latine, grecque, anglaise, italienne ou arabe, les mots de ce livre se mettent en scène pour vous divertir. Oubliez les mauvais souvenirs ! Ils n'ont qu'une seule idée en tête : se faire pardonner. Regardez-les, ils ont revêtu leurs plus beaux atours, se montrent sous leur meilleur jour. Ne sont-ils pas beaux, nos mots ? Alors, laissez-vous séduire…

N.B. : Les mots suivis d'un astérisque sont également traités dans le livre.

A CAPPELLA

Il s'étend de tout son long sur une partition et ses deux « P » forment chacun une note, voilà ***a cappella*** ! « *La grammaire est une chanson douce* », dit Erik Orsenna.

L'histoire des mots est passionnante, et celle de l'expression italienne ***a cappella*** n'échappe pas à la règle. Le nom *cappella* dérive du latin *cappa*, « manteau ». Comment est-on passé de l'habillement à la musique ? Il manque une note fondamentale ! À l'origine, *cappa* désignait le manteau à capuchon de saint Martin, relique conservée à la cour des rois francs, puis transférée à l'oratoire du Palais-Royal. En quelque sorte, le manteau a donné son nom au lieu qui l'abritait : la « chapelle » était née ! D'abord musique d'église, *a cappella* s'applique désormais à un chant interprété sans accompagnement musical (chanter *a cappella*).

Peut-on écrire « à cappella » ? C'est ce qui est préconisé depuis 1990, au motif que les mots d'origine étrangère doivent suivre les mêmes règles d'accord et d'accentuation que les mots français.

a cappella

ABÎME

Cette image est un clin d'œil à une phrase mnémotechnique bien connue : « Le chapeau de la cime est tombé dans l'abîme ». Ici, l'accent circonflexe d'***abîme*** creuse l'abîme dans lequel tombe le mot, si l'on peut dire, « tête » la première !

Dérivé du latin *abyssus*, le nom a d'abord désigné l'enfer et les profondeurs de l'océan, entrant en concurrence avec abysse*, de même origine. Puis il s'est spécialisé au sens de « cavité profonde ou sans fond ». Il s'emploie également au figuré comme synonyme de « fossé ». Exemple : « Il y a un abîme entre lui et moi. » Retrouvant son « Y » étymologique, la forme ***abyme*** se rencontre dans l'expression « mise en abyme », procédé artistique et littéraire de répétition en miroir, réduite, du sujet ou de l'action.

Hollande, l'abîme sans fond, titrait en septembre 2014 un journaliste de *Libération*. D'un point de vue étymologique, l'expression « abîme sans fond » est un pléonasme puisque sa racine latine vient du grec *abussos* qui veut dire… « sans fond » !

TOMBER DANS L'ABIME

ABORIGÈNE

Non, l'***aborigène*** ne vit pas dans les arbres ! Il est là « depuis l'origine », à l'image des premières lettres de l'alphabet : A, B, C.

Attention à ne pas écrire, sous l'influence du nom *arbre,* « arborigène » pour ***aborigène*** ! Étymologiquement, l'aborigène est là « depuis l'origine » (*ab* + *origines* en latin). Autrement dit, ses ancêtres sont les premiers habitants connus de sa terre natale. Mais alors, en quoi l'aborigène se distingue-t-il de l'indigène et de l'autochtone ? L'indigène, du latin *indu-* (dans) et *gena* (né de), est né dans le pays qu'il habite (les indigènes d'Amérique). L'autochtone, du grec *autos* (soi-même) et *khthôn* (terre), est issu du même sol où il vit. Vous l'aurez compris, ces trois mots sont des quasi-synonymes et ont le même contraire, *allogène*, qui se dit d'une population d'arrivée récente dans un pays.

Avec une majuscule, ***Aborigène*** a un sens plus étroit : il désigne un autochtone d'Australie.

ABORIGÈNE

ABYSSE

Les jambes palmées du plongeur qui descend dans les profondeurs sous-marines forment le « Y » du nom ***abysse***.

De même origine qu'*abîme*, ***abysse*** s'emploie au pluriel à propos des zones profondes des océans, où la lumière du soleil ne parvient plus et où les températures sont extrêmement froides. Rendez-vous compte, les abysses commencent à 2 000 mètres de profondeur alors que le record du monde actuel de plongée, détenu depuis septembre 2014 par l'Égyptien Ahmed Gamal Gabr, est de 332,35 mètres ! Cela dit, il vaut peut-être mieux que l'homme ne se retrouve jamais nez à nez avec un « monstre des abysses », comme on surnomme les créatures marines vivant dans les eaux très profondes et dont l'allure est souvent effrayante !

L'adjectif *abyssal* signifie « profond », au sens propre comme au figuré (un déficit abyssal) et caractérise également ce qui est insondable (une bêtise abyssale).

ABYSSE

ACCALMIE

Une paire de gants de boxe qu'on a raccrochés au vestiaire forment les deux « C » du nom ***accalmie***. Une trêve oui, mais jusqu'à quand ?

Accalmie a été formé à partir de l'adjectif *calme,* auquel on a ajouté le préfixe latin *ad-*, équivalent du français « re- ». Placé devant le « c » de *calme*, *ad-* est devenu *ac-*. Voilà pourquoi *accalmie* s'écrit avec deux « c ». Littéralement, donc, l'accalmie est le « retour au calme ». Mais pour combien de temps ? À l'origine, l'accalmie (comme le calme) était un terme de marine. Il désignait le calme momentané de la mer qui succède à un coup de vent très violent. Puis le mot a rejoint l'usage commun à propos de l'interruption momentanée d'un état d'activité ou d'agitation. En ce sens, il est synonyme de « répit ».

Accalmie est également le titre d'un court poème de Jacques Prévert publié en 1943 dans le recueil *Histoires* :

Le vent
Debout
S'assoit
Sur les tuiles du toit.

VESTIAIRE
ACCALMIE

ACCROC / ACCRO

Un crochet en forme de « C » symbolise la terminaison de l'***accroc*** tandis que le « O » final d'***accro*** est remplacé par la touche « rond » d'une manette de jeu vidéo.

Accroc vient du verbe *accrocher*, lui-même issu de « croc ». Depuis le XVIIe siècle, le nom désigne au sens propre une « déchirure faite par ce qui accroche » (un accroc à un pull) et au figuré « ce qui retarde, empêche » (un accroc au contrat). Notons que c'est Rabelais qui, en 1546, a inventé l'ancêtre de l'accroc : l'anicroche. D'abord « arme recourbée », elle est synonyme de « petite difficulté, léger obstacle ». Abréviation de l'adjectif « accroché », ***accro*** qualifie une personne passionnée (accro aux jeux vidéo) ou dépendante (accro au crack). Pourquoi n'y a-t-il pas de « c » ? Parce que la dernière syllabe *-ché* a chuté par un procédé nommé « apocope ».

Le nom ***accroc*** a été popularisé par la célèbre réplique d'Hannibal Smith, héros de la série américaine *L'Agence tous risques* : *« J'adore quand un plan se déroule sans accroc ! »*

un accroc

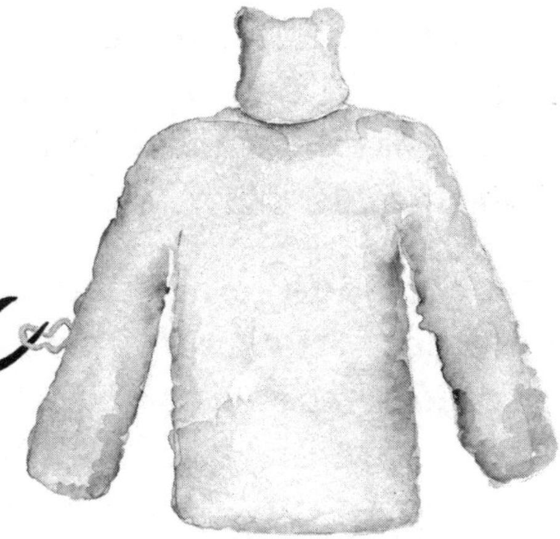

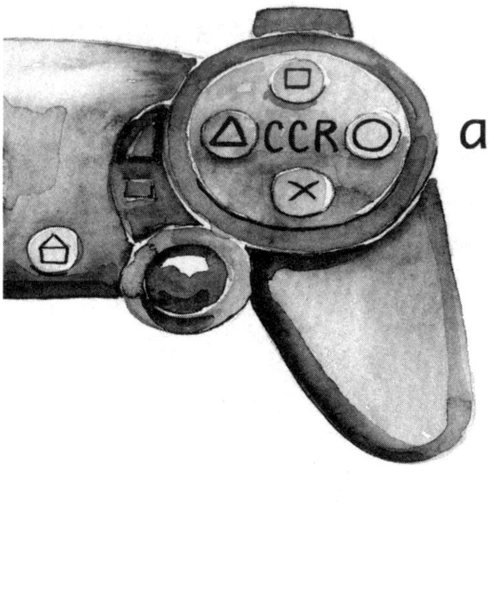

aux jeux vidéo

ACCUEIL

Par un jeu de miroir, le nom ***accueil*** révèle un autre nom qui lui est lié : *lieu*. Qu'on lise à l'endroit ou à l'envers, il n'est plus possible de se tromper : le « U » suit immédiatement le « C ».

Est-ce parce que le nom ***accueil*** évoque le seuil d'une porte et le confort d'un fauteuil qu'il est maladroitement orthographié « acceuil » ? Si l'astuce ci-contre permet de ne plus inverser le « U » et le « E », il faut néanmoins savoir qu'*accueil* ne s'est pas toujours écrit avec deux « C ». Au XIIIe siècle, l'*acueil* désignait une assemblée, un lieu de réunion. Par la suite, il a pris le sens actuel que l'on retrouve dans l'expression « faire bon accueil », éliminant au passage la forme « accueillance » qui était alors en usage.

Preuve de l'ancienne graphie d'***accueil***, « Bel Acueil » est un personnage du *Roman de la Rose*, œuvre majeure de la littérature médiévale. Dans ce poème allégorique, il aide le narrateur (l'amant) à conquérir une jeune fille (la rose).

Quel accueil dans ce lieu !

ACOMPTE

Une noix de cajou (avec un « c » !) est extraite d'un bol de biscuits apéritifs afin de former l'unique « C » du nom ***acompte***.

Un ***acompte*** est le paiement partiel à valoir sur une somme due. Le nom résulte de la soudure de l'expression « à-compte » qui s'écrivait ainsi jusqu'à la fin du XIXe siècle. Pas question donc de doubler le « c » ! *Acacia*, *acajou*, *acarien*, *académie*, *acoustique* et *acupuncture* suivent le même modèle. Si nous avons tendance à vouloir écrire « accompte », c'est sans doute par imitation d'un autre nom que nous utilisons souvent dans notre vie professionnelle : « accord ». Le doublement est également de mise dans les mots suivants : *accabler*, *accalmie**, *accaparer*, *accepter*, *accoler*, *accroître, accumuler*…

Autres difficultés liées au nom *compte* : le participe passé est invariable dans l'expression « se rendre compte » : on écrit « elle s'est rendu compte », « ils se sont rendu compte ». Par ailleurs, un « compte rendu » s'écrit sans trait d'union (au pluriel : des comptes rendus).

acompte

ACQUIT (DE CONSCIENCE)

Quand on agit par ***acquit*** de conscience, on est déchargé d'un poids*. On se sent léger comme un ange dont les ailes déployées dévoilent un « T ».

Dérivé du verbe *acquitter*, ***acquit*** est à l'origine la reconnaissance écrite d'un paiement, qui survit dans la mention « pour acquit ». Autre sens vieilli, l'acquit est « ce qui garantit la vérité de ce que l'on dit ». C'est ce sens que l'on retrouve dans la locution « acquit de conscience » en usage depuis le XIXe siècle. Aujourd'hui, faire quelque chose par « acquit de conscience », c'est le faire consciencieusement, de manière à « avoir la conscience tranquille ».

On rencontre bien souvent l'orthographe fautive : « par acquis de conscience », où ***acquis*** n'est autre que le participe passé du verbe *acquérir*. Quand bien même il serait possible de s'acheter une bonne conscience, on évitera à tout prix de l'employer !

PAR ACQUIT DE CONSCIENCE

ADDITION

Pour symboliser les deux « D » de l'***addition***, deux croches unies par une ligature s'étalent sur une partition. Oublier de doubler le « d » reviendrait à produire une fausse note !

Généralement, les mots commençant par *ad-* ne prennent qu'un « d » : *adapter*, *aduler*, *adhésion*, *adoption*… Mais alors, d'où viennent les deux « d » du nom ***addition*** ? Du verbe latin *addere* (ajouter), lui-même composé de la préposition latine *ad* et du verbe *dare* (donner). En français, la racine latine est intacte dans le nom *addenda* (choses à ajouter) qui désigne les notes additionnelles en fin d'ouvrage. Au sens strict, l'addition est une somme de chiffres, un total de dépenses, par exemple au restaurant (une addition salée). Plus largement, *addition* a pour synonyme « ajout ». Bien sûr, tous les mots de la même famille qu'*addition* prennent deux « d » : *additionner*, *additionnel*, *additif*, etc.

On distingue ***addition*** de son paronyme *addiction* (état de dépendance vis-à-vis d'une drogue), lui-même proche d'*adduction*, action d'amener, précisément de rapprocher un membre vers l'axe du corps.

addition

AFFAIRES

Affaires est toujours au pluriel dans « chiffre d'affaires »! Pour s'en souvenir, on visualise, à la place du « S » final, un lingot d'or estampillé du symbole « $ ».

Un chiffre d'***affaires*** représentant le total de ventes effectuées pendant une année, il est forcément constitué de plusieurs affaires, d'où le « s » final ! Pour la même raison, on écrira : un avocat d'affaires, un chargé d'affaires, un homme ou une femme d'affaires, un repas d'affaires, un voyage d'affaires, etc. Au pluriel, bien sûr, « chiffre » prend également un « s » : des chiffres d'affaires. À noter que le nom pluriel *affaires* est le seul mot qui s'écrit avec une majuscule dans la dénomination « ministère des Affaires étrangères. »

Attention à ne pas confondre « avoir affaire » et « avoir à faire ». Toujours suivi de la préposition « à » , *avoir affaire* signifie « être en rapport avec » (vous aurez affaire à moi). *Avoir à faire* signifie « avoir à réaliser » (j'ai un exercice à faire).

CHIFFRE D'AFFAIRE$

AFFLUENCE / INFLUENCE

Pour représenter le « A » du nom ***affluence***, deux aiguilles dépassent du cadran d'une horloge de gare. Le « I » d'***influence***, quant à lui, est remplacé par un vieux tampon à cachet ; la personne qui l'utilise ayant, à coup sûr, de l'influence !

Encore deux paronymes formés sur la même racine : le verbe latin *fluere* (couler) qui a produit « fleuve » et « flux ». À *affluer* on a ajouté le préfixe latin *ad-* (à) devenu *af-* devant le « f » de *fluere*, d'où *affluerer* (couler vers). Par conséquent, le nom ***affluence*** a d'abord concerné l'eau. Désormais, il désigne l'arrivée massive de personnes qui vont au même endroit. À *influer,* on a ajouté le préfixe *in-* (dans), ce qui a donné *influere* (couler dans). D'abord « fluide provenant des astres et agissant sur la destinée humaine », l'***influence*** est devenue l'action continue exercée sur une chose ou une personne.

Jadis, en France, on nommait la grippe *influenza*, mot d'origine italienne ayant la même racine qu'*influence*, c'est-à-dire « écoulement de fluide ». L'anglais emploie toujours ce nom.

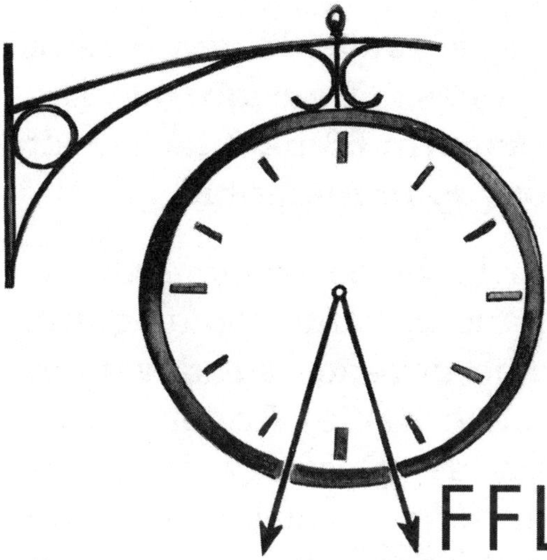

FFLUENCE

nfluence

AGGLOMÉRATION

Aux États-Unis, la mythique route 66 relie deux agglomérations entre elles : Chicago et Los Angeles. Cela tombe bien, le nombre 66 peut tout à fait remplacer les deux « G » du nom ***agglomération***.

Agglomération est formé sur le verbe *agglomérer*. Le premier « g », déjà présent dans le latin *agglomerare*, est apporté par la préposition *ad* devenue *ag-* devant le second « g » du nom *glomus* (pelote, boule). Au sens strict, l'agglomération est la réunion de plusieurs éléments formant un tout. De cette idée d'accumulation est née l'acception courante : « concentration d'habitations qui comprend généralement une ville-centre (*intra-muros*) et ses banlieues ». En français, deux autres verbes commencent par *agg-* : *aggraver** et *agglutiner*, réunion de la préposition latine *ad*, devenue *ag-* devant le « g » de *gluten* (colle).

On reconnaît dans « banlieue » les noms *ban* et *lieue*. Dans la société féodale, la banlieue était un espace d'environ une *lieue* (à peu près 4 km) autour d'une ville, sur lequel s'étendait le *ban* (l'autorité, la juridiction).

AGGLOMÉRATIONS

AGGRAVER

Sur une échelle de la « gravité » allant de 0 à 100, ***aggraver*** atteint les sommets : les deux « G » du verbe culminent à « 99 ». Gare au point de non-retour !

On se gardera bien d'écrire ***aggraver*** avec un seul « g » sous peine d'aggraver son cas ! D'autant que les deux consonnes étaient déjà contenues dans le verbe latin *aggravare*, composé du préfixe *ad-* devenu *ag-* devant un mot commençant par un autre « g », en l'occurrence *gravis* qui signifie « lourd ». Ce dernier a donné l'adjectif *grave* et le nom *gravité*. Littéralement, *aggraver*, c'est rendre plus grave, plus difficile à supporter, s'agissant d'une peine, d'une maladie (d'où « facteurs aggravants »). Du point de vue juridique, *aggraver* revient à rendre ses torts plus condamnables (d'où « circonstances aggravantes »).

Les mots qui commencent par *ag-* s'écrivent généralement avec un seul « g ». Les exceptions à retenir sont ***aggraver***, *agglomérer*, *agglutiner* et leurs dérivés *aggravation*, *agglomération**, *agglutination*…

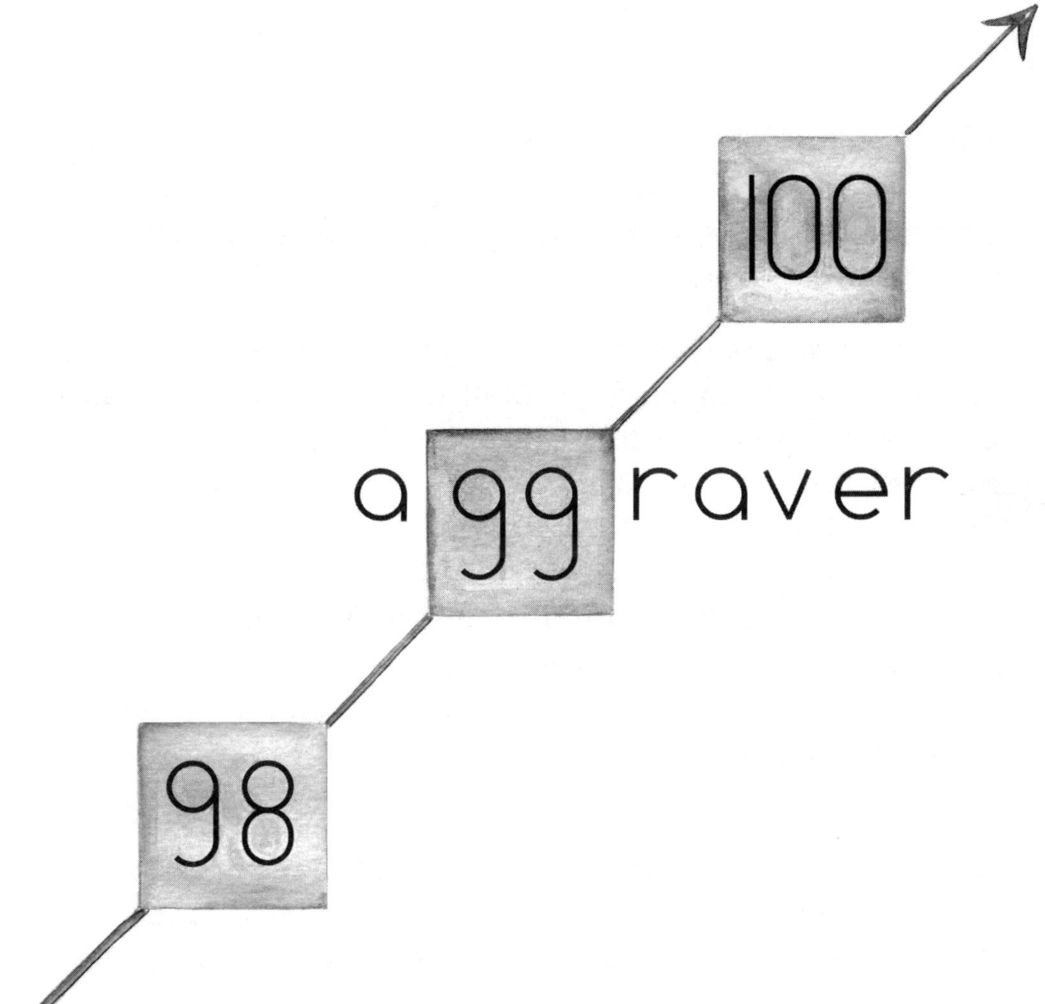
100
a 99 raver
98

AGRAFE

Oubliée, l'envie d'écrire « agraffe » ou encore « agraphe » ! Ne vous compliquez pas la vie : il n'y a qu'un seul « F », symbolisé par une agrafeuse ouverte, dans le nom ***agrafe***.

Comme souvent en français, l'orthographe considérée comme fautive aujourd'hui était courante dans le passé. Au Moyen Âge en effet, ***agrafe*** se rencontrait également sous les formes « agrappe » ou « agraffe » et désignait un crochet servant à soutenir les tentures de tapisserie. L'agrafe était donc utilisée pour joindre les bords d'un tissu, avant de devenir le fil métallique replié qui fixe ensemble nos feuilles de papier. En chirurgie, les agrafes destinées à fermer une plaie afin d'en assurer la cicatrisation sont appelées « agrafes de Michel ».

Les verbes *souffler* et *siffler* prennent deux « F » alors que leurs dérivés *boursoufler* et *persifler* n'en prennent qu'un. La « réforme » de 1990 propose d'abolir ces anomalies en mettant deux « F » partout. Certains dictionnaires, comme *Le Nouveau Littré*, attestent les deux orthographes.

UNE

AGRA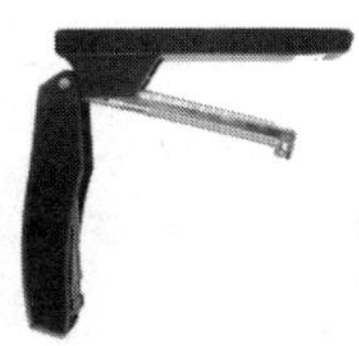E

AÏEUL / AÏEUX

La pipe, accessoire que l'on attribue volontiers au grand-père, forme le « L » final du nom ***aïeul*** tandis que les racines d'un arbre généalogique signalent le « X » du pluriel ***aïeux*** désignant les ancêtres.

Issu du latin *avus* (grand-père), ***aïeul*** a d'abord désigné le grand-père puis la grand-mère (*aïeule*). Le dérivé *avunculus* a donné « oncle ». C'est au pluriel que les choses se compliquent. « Aïeuls » désigne les grands-parents tandis qu'***aïeux*** s'emploie pour ceux dont on descend, c'est-à-dire nos ancêtres, et plus généralement les personnes qui ont vécu dans les siècles passés. Le pluriel entre dans l'expression *« Mes aïeux ! »* qui marque l'étonnement ou l'insistance. Par définition, un bisaïeul est « deux fois aïeul » : c'est donc un arrière-grand-parent !

Dans son poème *L'Aïeul* (1880), Guy de Maupassant emploie le nom au sens littéraire de « vieillard » :

L'aïeul mourait froid et rigide.
Il avait quatre-vingt-dix ans.
La blancheur de son front livide
Semblait blanche sur ses draps blancs.

AÏEUL

AÏEUX

ALTERNATIVE

Le « V » d'***alternative*** signale la bifurcation de la ligne 13 du métro parisien, découvrant deux directions. Un moyen d'employer correctement ce nom qui contient déjà deux propositions.

Comme souvent, l'étymologie du mot nous renseigne sur son sens. ***Alternative*** contient le préfixe latin *alter-* qui signifie « autre ». On évitera donc de commettre un pléonasme en parlant d'une « autre alternative », d'une « double alternative » ou encore de « deux alternatives », le nom désignant déjà un choix entre deux options. De plus en plus, *alternative* est utilisée comme synonyme de « solution de remplacement ou de rechange ». Bien que répandu, cet usage est à éviter.

On retrouve le préfixe latin *alter-* dans *alter ego* (autre soi-même), *altercation* (violente dispute), *altérer* (rendre autre), *alternance* (succession régulière), *altruisme* (intérêt pour l'autre), *altermondialisation*…

une alternative
deux possibilités

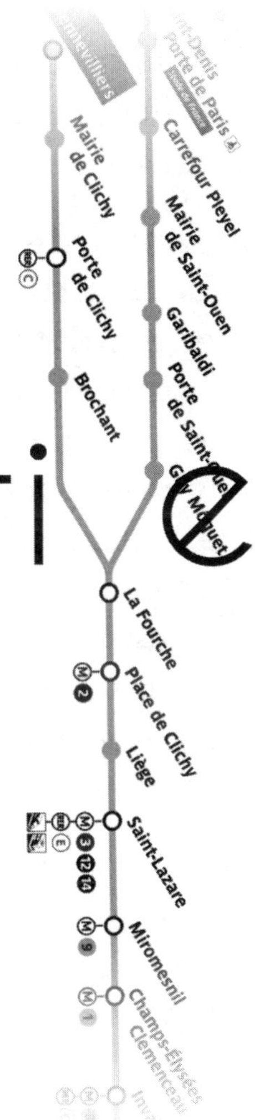

AMENDE / AMANDE

Il en faut des « € » pour régler l'***amende*** de l'agent de police, tandis que l'***amande***, fruit de forme allongée, dans un « A » se glisse.

Au cours de leur histoire, ces deux homonymes ont chacun emprunté l'orthographe de l'autre. De quoi en perdre son latin ! D'ailleurs, c'est le latin *amandula* qui est à l'origine de l'***amande***, après un passage par le grec *amugdalê*, d'où viennent les amygdales. N'avez-vous jamais remarqué que ces petites glandes situées dans la gorge ressemblaient au fruit de l'amandier ? L'*amande* existait sous la forme « amende » jusqu'au XVIIe siècle. De même, ***amende*** s'est écrit « amande » avant de prendre sa graphie définitive (du moins jusqu'à nouvel ordre !) au XIIIe siècle. Dérivé du verbe *amender* (*emendare* en latin), il désigne une peine pécuniaire.

Veillons à ne pas confondre le fait de « mettre une amende » avec l'expression « mettre à l'amende » qui signifie plus largement « sanctionner » ou encore « dominer ».

amande

am€nde

AMENER / APPORTER

Il vaut mieux ***amener*** son enfant à l'école que de lui ***apporter*** des oranges en prison ! Les jambes de l'adulte et de l'enfant forment le « M » d'*amener*. Deux mains tenant chacune une orange épellent les deux « P » d'*apporter*.

On reconnaît dans *amener* et *apporter* les verbes *mener* et *porter*. Ce sont eux qui vont nous aider à employer correctement leurs dérivés. ***Amener*** signifie « mener vers » et se construit principalement avec des « animés » : êtres humains et animaux, voire, dans le futur, extraterrestres et robots ! ***Apporter*** signifie « porter à » et concerne les « inanimés », autrement dit les choses concrètes (apporter des fruits) ou abstraites (apporter de l'aide).

Mais alors, est-il correct d'***amener*** sa voiture chez le garagiste ? C'est pourtant bien un objet. Oui, mais dans ce cas précis, il n'est pas nécessaire (et surtout pas possible) de porter une voiture pour la déplacer. Il suffit de la conduire. C'est pourquoi le verbe *amener* convient ici. On retrouve cet emploi dans la marine, où l'on amène les voiles, c'est-à-dire qu'on les tire à soi.

amener
son enfant
à l'école

apporter
des oranges
en prison

ANCRE / ENCRE

Le voilier hisse le « A » de l'***ancre***, tandis que trois cartouches impriment le « E » de l'***encre***. Est-ce bien ancré dans votre tête ?

Comme *amande* et *amende, encre* et *ancre* n'ont rien trouvé de mieux que d'échanger leur orthographe au fil du temps. ***Encre***, qui s'écrivait « ancre » au XIIe siècle, vient du grec *enkaustikê* qui a créé l'encaustique, peinture préparée avec de la cire fondue. Depuis lors, c'est un liquide noir ou coloré utilisé pour écrire ou pour imprimer. ***Ancre***, d'abord *encre* en vieux français, est un emprunt au grec *ankura*, avec l'idée de crochet, de chose recourbée. Assez logiquement, le nom a évolué pour désigner l'instrument de fer à deux dents qu'on laisse tomber dans l'eau pour fixer les bateaux.

Vous remarquerez que l'orthographe « définitive » de chaque mot a fini par se conformer à son étymologie. C'était le cas pour *amande* et *amende*, c'est le cas pour ***ancre*** et ***encre***.

ENCRE

ANCRE

APÉRITIF / APPÉTIT

Puisqu'une pique suffit pour picorer une olive, il ne faut qu'un « P » à ***apéritif***. En revanche, il est d'usage de se servir d'une fourchette et d'un couteau pour satisfaire son ***appétit***, qui prend deux « P ».

En dépit de leur apparente proximité, l'*apéritif* et l'*appétit* n'ont pas de lien de parenté. Le nom ***apéritif*** dérive du verbe latin *aperire* (un seul « P ») qui a donné « ouvrir ». L'appétit ? Non, les voies* d'élimination ! À l'origine, les apéritifs étaient des médicaments permettant d'éliminer par la sueur (sudorifiques), par l'urine (diurétiques) et par les selles (purgatifs). Ce n'est qu'au XIXe siècle que l'apéritif se met à désigner une boisson alcoolisée prise avant le repas. Quant à l'***appétit***, il vient en mangeant et du latin *appetitus* (deux « P »), signifiant « désir ». C'est pourquoi il s'applique autant aux plaisirs de la chère qu'à ceux de la chair !

À présent, vous ne regarderez plus votre verre de pastis de la même manière, n'est-ce pas ?

L'apéritif

m'a coupé

l'appétit

APOGÉE

Avec son « e » final, le nom ***apogée*** a tout l'air d'être féminin. Détrompez-vous ! On dit « un apogée », et pour s'en souvenir on remplace le « O » par le symbole du sexe masculin (♂) avec sa flèche pointant vers le haut.

Étymologiquement, l'***apogée*** est ce qui est « loin de la Terre ». Sa racine grecque est composée du préfixe *apo-* (loin de) et du nom *gê* (la Terre) que l'on retrouve dans « géographie ». En astronomie, l'apogée désigne la plus grande distance d'une planète par rapport à la Terre. Et par rapport au Soleil? C'est l'aphélie, où le même préfixe est couplé à *hêlios* (Soleil). Au sens figuré, l'apogée est le point suprême, le sommet (être à l'apogée de sa carrière). Autre astuce pour retenir que le nom *apogée* est masculin: on l'associe à Apollon, dieu grec de la beauté masculine. Au passage, ces deux noms ne prennent qu'un « p », tout comme Apollinaire*.

Bien que terminés par *-ée*, les noms suivants sont également de genre masculin : *caducée*, *colisée*, *lycée*, *macchabée*, *mausolée*, *musée*, *périnée*, *pygmée*, *trophée*…

un AP♂GÉE

APPELER

Des écouteurs blancs, très reconnaissables, sont reliés à un « téléphone portable intelligent ». Ils forment les deux « P » du verbe ***appeler***.

D'où viennent les deux « p » d'***appeler*** ? Pour le savoir, il faut remonter au latin *appellare*. Ce verbe est formé du préfixe *ad-* (vers) devenu *ap-* devant le « p » du verbe *pellare*. En couplant les deux, on obtient *ap* + *pellare*, « aller vers quelqu'un, s'adresser à lui ». Pour des raisons étymologiques donc, le verbe appeler (ou rappeler !) prend toujours deux « p ». Quant au nombre de « l », il suffit de tendre l'oreille. Il y a deux « l » quand on entend le son [è] : « je rappelle », « nous rappellerons », etc. Il n'y a qu'un « l » quand on entend le son [eu] : « tu appelais », « ils ont rappelé », etc.

Attention, le verbe « interpeller » (*inter* + *pellare*), littéralement « interrompre quelqu'un qui parle », se prononce [interpeuler] alors qu'il prend deux « l ». Depuis les rectifications orthographiques de 1990, il est possible d'écrire « interpeler », conformément à la prononciation.

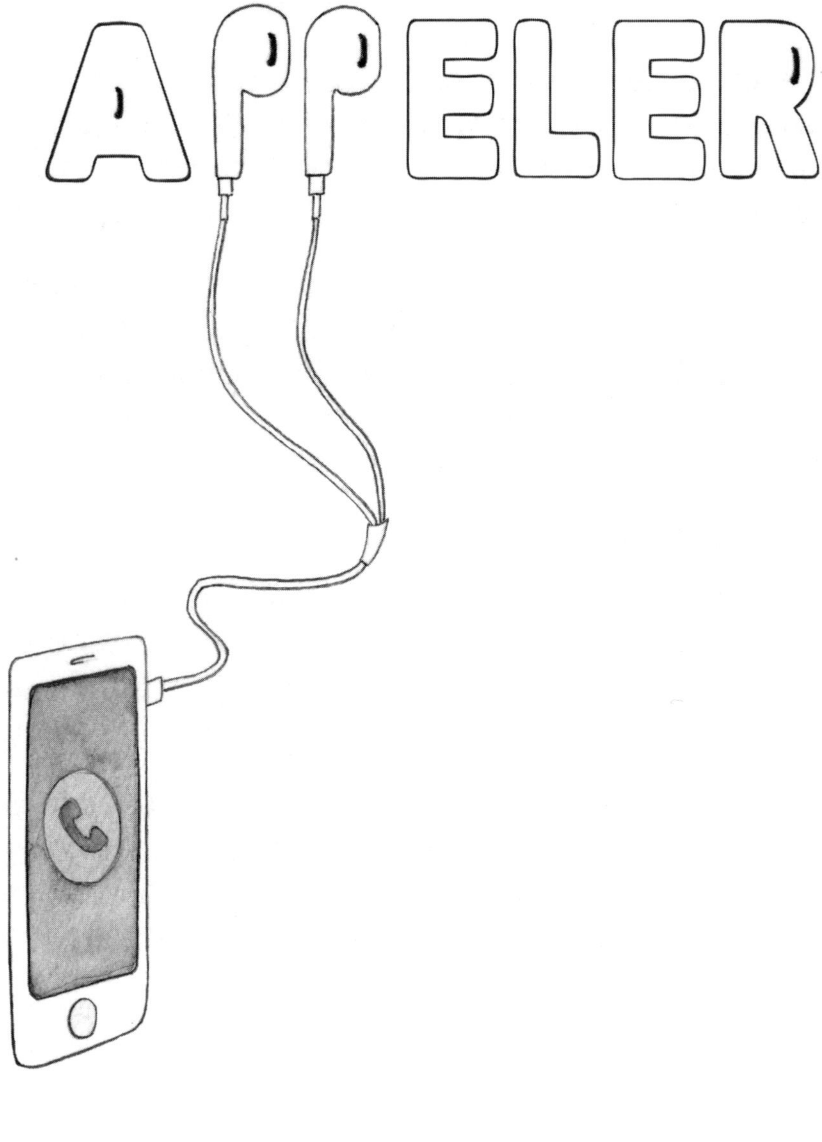
APPELER

ARÊTE / ARRÊTE

La nageoire dorsale d'un requin trace les contours de l'unique « R » du nom ***arête*** qui compose le squelette des poissons. « RR ! » : le grognement d'un chien remplace les deux « R » du verbe ***arrête***, ordre donné par son maître.

Avec un seul « r », le nom ***arête*** vient du latin *arista* (barbe d'épi) et désignait d'abord la partie fine et longue d'un végétal. Par la suite, l'arête est devenue la tige du squelette des poissons et plus généralement une ligne d'intersection de deux plans (l'arête du nez, l'arête d'une montagne). Les deux « r » du verbe ***arrêter*** sont issus du préfixe *ad-*, devenu *ar-* devant le « r » du verbe *restare* (être immobile) qui a donné « rester ». Dans les deux mots, l'accent circonflexe sur le « e » est la trace du « s » de l'ancien français *areste* (arête) et du latin *arrestare* (arrêter).

Conjugué à la deuxième personne du singulier de l'impératif présent, le verbe *arrêter* donne **arrête**, sans « s ». C'est au présent de l'indicatif qu'on écrit « tu arrêtes » avec un « s ». Tous les verbes du premier groupe suivent cette règle.

arête

ARRÊTE!

ARTICHAUT

Sans doute par confusion avec « chaud », on est tenté d'écrire « artichaud », ce qui est faux. La preuve, l'***artichaut*** pousse comme un « T » et non comme un « D » !

Le nom ***artichaut*** vient de l'italien *articcioco*, qui se prononce [artichoco]. Il désigne une plante potagère qui a la forme d'un gros chardon. Les feuilles d'artichaut (dont le nom savant est « brac***t***ées ») se ***t***rempent dans la vinaigre***tt***e. La partie comestible ronde et supérieure se nomme « ***t***ê***t***e d'artichaut ». Au figuré, un cœur d'artichaut est une « personne volage », qui s'en***t***iche, s'a***tt***ache facilement. L'expression fait allusion aux feuilles imbriquées, que l'on mange une à une et au « cœur » ***t***endre des jeunes artichauts. Vous le voyez, dès qu'il est question d'artichaut, le « T » est partout. Alors, cœur d'artichaut ou pas, restez-lui fidèle !

En argot, l'*artiche* désigne l'argent. C'est l'apocope (abréviation) d'***artichaut***, qui, par nature, est un portefeuille (qui porte des feuilles). Le même calembour se retrouve dans la devinette : « qu'est-ce qu'un porte-plume sur un portefeuille ? » (un oiseau sur un arbre).

ARTICHAUT

ASCENSION

Pour faire l'***ascension*** – et non « l'ascencion » – d'un centre commercial, il suffit d'emprunter l'escalator qui zigzague comme un « S ». Vous préférez l'ascenseur ? Soit !

Issue du latin *ascensio*, l'***ascension,*** comme le sermon*, est liée à Jésus-Christ. Le nom désigne sa montée miraculeuse au ciel après sa résurrection. Ce n'est qu'à la fin du XVIIIe siècle qu'*ascension* prend son sens actuel. Alors qu'en France se prépare une révolution, l'époque est marquée par les débuts de l'alpinisme et le premier voyage aérien des frères Montgolfier en 1783. L'ascension devient alors l'action de gravir une montagne et de s'élever dans les airs. Au sens figuré, l'ascension correspond au fait de s'élever vers la réussite sociale.

Dans la religion catholique, l'***ascension*** se distingue de l'***assomption***, qui désigne l'entrée de la Vierge Marie, mère de Jésus, au ciel. Le nom a pour origine le verbe latin *adsumere*, qui a donné « assumer ».

ASCENSION

ASTÉRISQUE / OBÉLISQUE

Appelons Astérix et Obélix à la rescousse pour retenir le genre des noms ***astérisque*** et ***obélisque***. Ils sont masculins, bien sûr, tout comme les deux personnages créés par René Goscinny et Albert Uderzo !

Signifiant « petite étoile » (*asteriskos* en grec, de *astêr*, « étoile »), l'***astérisque*** est représenté par le symbole « * ». Placé à la suite d'un mot, il renvoie à une note de bas de page ; placé devant un mot, il en signale une forme particulière. Quant à l'***obélisque***, il dérive d'un autre diminutif grec, *obeliskos*, soit « petite broche à rôtir ». Le terme s'est appliqué par analogie aux pyramides allongées venues d'Égypte, comme celle érigée place de la Concorde à Paris.

Si le nom d'Astérix a été formé sur ***astérisque*** ; en revanche, celui d'Obélix ne vient pas de l'obélisque mais d'un autre signe typographique nommé *obèle*. Ces choix sont un hommage au grand-père de Goscinny, qui était imprimeur. Il n'en demeure pas moins qu'Obélix, « tout juste un peu enrobé », reste un monument… de bande dessinée !

UN ASTÉRISQUE

UN OBÉLISQUE

ATTENTION / INTENTION

On écrit un courriel à l'***attention*** d'un destinataire et pour ce faire on remplit le champ « A : ». On achète à l'***intention*** d'un ami un cadeau qu'on emballe avec un bolduc frisé afin de former le « I » et son point.

En tête d'un courrier (ou d'un courriel), la mention ***à l'attention de*** sert à préciser le destinataire : on le porte à son attention. Le nom *intention* va plus loin : il suppose un effort fait dans un but (cf. l'adjectif *intentionnel*). Par conséquent, ***à l'intention de*** engage davantage l'émetteur : ce dernier effectue une démarche pour qu'elle soit agréable ou profitable à quelqu'un. Autre astuce : si vous pouvez remplacer la locution par « à l'adresse de », il faut écrire « à l'attention de » ; si vous pouvez remplacer par « en l'honneur de », c'est « à l'intention de » qui convient.

Attention à ne pas confondre la locution « faute d'***attention*** » (Faute d'attention, il a commis une erreur) avec la « faute d'inattention », faute commise par inattention (Si tu relisais ta copie, tu pourrais corriger tes fautes d'inattention).

Nouveau message

À *l'attention*

de

à l'intention

AUSPICES / HOSPICE

L'aile d'un oiseau (probablement une oie du Capitole) s'insère dans le nom ***auspices*** afin d'en former le « U ». Quant au « H » qui commence ***hospice***, il est remplacé par deux béquilles tournées l'une vers l'autre.

Le nom ***auspice*** vient du latin *auspicis*, formé de *avis* (oiseau) et de *spicere* (examiner). À l'origine donc, l'auspice était le prêtre romain qui prédisait l'avenir en examinant le vol des oiseaux. Désormais employé au masculin pluriel, le nom désigne les circonstances permettant d'envisager l'avenir… sous d'heureux auspices ! ***Hospice*** dérive du latin *hospes* tout comme *hôte** et *hôpital*. D'abord lieu d'accueil des pèlerins* et des voyageurs, puis des enfants sans famille, des vieillards et des infirmes, l'hospice a été remplacé par l'hôpital, bien qu'au sens propre il n'offrait pas de soins médicaux mais un simple asile.

C'est en référence au latin *avis* que l'ingénieur français Clément Ader créa, en 1875, le nom ***avion***. Avant, on utilisait « aéroplane », calque de l'anglais *airplane*.

auspices

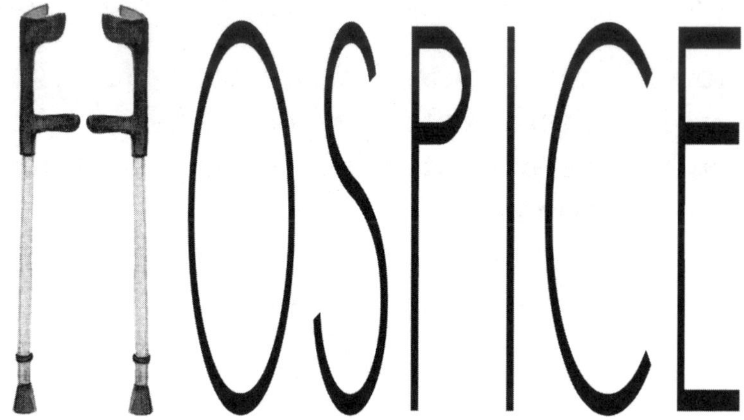
HOSPICE

BALLADE / BALADE

L'une est aubade, l'autre promenade. Tandis que les ouïes du violoncelle composent les deux « L » d'une ***ballade***, le GPS trace d'une traite l'itinéraire d'une ***balade***.

Voici l'une des fautes de français les plus courantes : écrire « ballade » au lieu de « balade » ! Il est vrai que ces deux homonymes ont toujours eu une orthographe capricieuse. Jusqu'au XVIe siècle, le nom féminin ***ballade*** – du provençal *ballada*, « chanson à danse, petit poème chanté » – s'écrivait « balade ». Comme les jongleurs et les mendiants chantaient de ville en ville, le verbe « (se) balader » a fini par signifier « marcher sans but, flâner ». Sur ce verbe s'est formé ***balade***, au milieu du XIXe siècle, pour désigner la promenade dans le langage courant.

Quitte à faire une faute, il serait beaucoup plus logique d'écrire « balade » à la place de « ballade » – comme c'était le cas au Moyen Âge – mais sûrement pas « ballade » à la place de « balade » !

BALLADE

BALADE

BALLET / BALAI

Au ***ballet***, avec deux « L », la ballerine a besoin de ses deux jambes pour danser, alors que dans les airs, la sorcière n'utilise qu'un ***balai***, avec un seul « L », pour se déplacer.

Le ***ballet***, de l'italien *balletto*, est une danse exécutée sur scène par plusieurs personnes, et par métonymie, la troupe de danseurs et la musique qui les accompagne. Le ***balai*** est un peu moins délicat puisqu'il pourrait venir du gaulois. Nous avons hérité d'une centaine de mots de langue celtique comme *alauda*, « alouette », *carruca*, « charrue » et *sapo*, « savon ». Il est donc possible que *balai* soit issu du gaulois *balatno* signifiant « genêt ». En effet, le mot désignait un faisceau de branches de genêt avant de devenir l'ustensile ménager permettant à la poussière de voler et à la sorcière de s'envoler !

Depuis 1990, il est recommandé d'aligner l'orthographe de *relais* sur celle de ***balai*** ou de *délai*, ce qui donnerait « relai ».

ballet
Balai

BÂT

Un pauvre âne porte péniblement sur son dos une charge en forme de « T », tandis que sa queue coiffe le « A » d'un accent circonflexe. B-Â-T : l'écrire « bas », c'est là que le ***bât*** blesse !

Pourquoi ***bât*** prend-il un accent circonflexe et un « t » final ? Parce qu'il est issu du latin *bastum*, lui-même dérivé du verbe *bastare* (porter). En vieux français, on écrivait *bast* : le « s » s'est mué en accent circonflexe sur la voyelle précédente. Mais qu'est-ce qu'un bât ? C'est le dispositif que l'on attache sur le dos des bêtes de somme (comme l'âne) pour leur faire porter une charge. S'il est mal fixé ou trop chargé, le bât peut faire souffrir l'animal. D'où l'expression *« C'est là que le bât blesse »* pour signaler la cause d'un problème ou d'un mal. Rien à voir, donc, avec le ***bas*** (du latin *bassus*) qu'on enfile par les pieds !

D'autres mots ont perdu leur « s » au profit d'un accent circonflexe : *bastir* (bâtir), *beste* (bête), *chastel* (château), *fenestre* (fenêtre), *feste* (fête*), *forest* (forêt), *hoste* (hôte*), *hospital* (hôpital), *queste* (quête).

C'est là que le

BÂT

blesse

BAYER (AUX CORNEILLES)

C'est le verbe ***bayer***, et non « bâiller », qui compose l'expression *bayer aux corneilles*, illustrée par une personne allongée, les bras derrière la tête, se prélassant comme un « Y ».

Bayer est un vieux verbe issu du latin *batare*, fondé sur l'onomatopée *bat*, jadis utilisée pour reproduire le bruit que l'on fait en ouvrant la bouche. *Bayer* signifie donc « ouvrir tout grand ». Depuis le XVIIe siècle, à cause de la concurrence de *bâiller*, il n'existe que dans la tournure *bayer aux corneilles* soit « rêvasser, perdre son temps à regarder en l'air niaisement ». ***Bâiller***, qui vient aussi de *batare*, consiste à ouvrir la bouche sous l'effet de la fatigue, de la faim ou encore de l'ennui. Par extension, il exprime le fait d'être entrouvert, mal fermé ou mal ajusté. On parle ainsi d'une robe qui bâille ou d'une porte entrebâillée.

Le 22 juillet 2014, le leader d'extrême gauche français Jean-Luc Mélenchon a déclaré au site d'information *Hexagones* : « *J'ai besoin de dormir... de bayer aux corneilles.* » Avec « dormir » à proximité, on s'attendait plutôt à « bâiller » !

BAYER AUX CORNEILLES

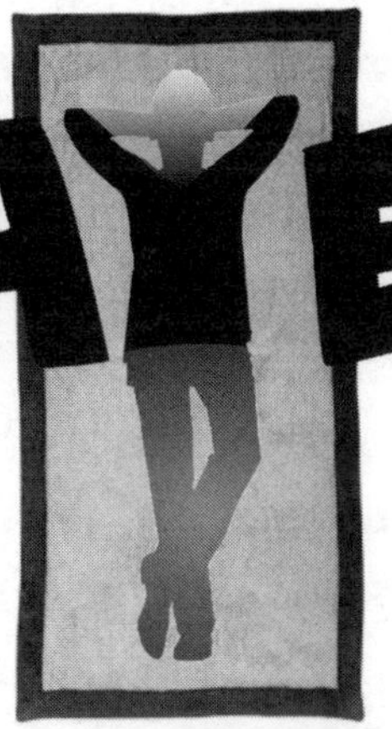

BÉNIT

La croix qui remplace le « T » final de ***bénit*** est là pour nous rappeler que cette orthographe n'est d'usage que dans le cadre d'une bénédiction religieuse.

Bénit et ***béni*** – au féminin *bénite* et *bénie* – sont les deux participes passés du verbe bénir. *Bénit* a été formé du latin *benedictum*, qui a donné « benoît », l'adjectif et le prénom. Il se dit de certaines choses (pain, eau) sur lesquelles la bénédiction d'un prêtre a été donnée. Dans tous les autres cas, même s'il s'agit de la bénédiction de Dieu, il faut employer *béni* (une maison bénie, un enfant béni). Ainsi, dans la prière *Je vous salue Marie*, Marie est « bénie entre toutes les femmes » et Jésus aussi est « béni ». La distinction est relativement récente puisque les emplois entre *bénit* et *béni* ont été répartis au XIXe siècle. La preuve : au XVIIe siècle, si l'on en croit Vaugelas, Marie était « bénite entre toutes les femmes » !

Autres moyens mnémotechniques : l'eau ***bénite***, c'est un rite ! / le « T » final de ***bénit*** est contenu dans le nom prê***t***re.

Du pain bénit

BISSEXTILE

Même si l'adjectif ***bissextil*** n'est à l'honneur qu'une année sur quatre, ce n'est pas une raison pour l'écrire avec un seul « S » ! Par un tour de passe-passe, le nombre 29 apparaît dans les deux « S » qui se font face.

Les deux « S » de ***bissextil*** sont directement hérités de son étymologie latine : *bis* + *sextus*, soit « deux fois sixième ». D'où vient ce calcul ? Dans le calendrier julien utilisé dans la Rome antique, le jour intercalé tous les quatre ans doublait le sixième jour avant les calendes de mars. Dans notre calendrier grégorien, c'est plus simple : l'année bissextile est celle où l'on rencontre le bissexte, jour ajouté tous les quatre ans au mois de février, lequel est alors de 29 jours.

C'est peut-être par confusion avec *bisexuel* que certains font l'économie d'un « S ». L'année ***bissextile*** se distingue également d'avec la ligne bissectrice, demi-droite partant du sommet d'un angle et le divisant en deux parties égales.

UNE ANNÉE BI 29 SEXTILE

FEVRIER 2016

BLIZZARD

Sale temps sur les pistes ! Le skieur dévale la pente pour fuir la tempête, ses deux skis traçant sur la neige les deux « Z » du nom ***blizzard***.

Au sens strict, le nom ***blizzard*** désigne un vent glacial accompagné de tempêtes de neige, bien connu au Canada et dans le nord des États-Unis. Plus largement, c'est un vent très froid et violent qui souffle en ambiance neigeuse. Le mot, emprunté tel quel à l'anglais américain, pourrait venir de l'allemand *Blitz* (éclair). Sous l'influence de *blizzard*, on est parfois tenté de mal orthographier l'adjectif ***bizarre*** qui prend un « z », deux « r » et un « e » final. *Bizarre* est emprunté à l'italien *bizarro*, d'abord « coléreux » puis « extravagant ». Anciennement, il s'écrivait *bigarre*, qui a donné « bigarré ». Il qualifie une personne ou une chose singulière.

Bizarre est à l'honneur dans un célèbre dialogue tiré du film de Marcel Carmé, *Drôle de drame* (1937). *« Moi j'ai dit bizarre ? Comme c'est bizarre ! »* réplique Louis Jouvet à Michel Simon.

BLIZZARD

BOUGIE

La flamme consume paisiblement la cire contenue dans le photophore, lequel trace les contours du « E » muet qui termine le nom ***bougie***.

Même si sa flamme ondule et vacille sous l'effet de l'air, le nom ***bougie*** ne vient pas du verbe *bouger* mais de la ville algérienne de Béjaïa, qui se disait « Bougie » du temps de l'Algérie française. Au Moyen Âge, cette ville fournissait de grandes quantités de cire pour la fabrication des chandelles. À propos, connaissez-vous la différence entre la bougie et la chandelle ? Au XVIIe siècle, la chandelle, faite d'une mèche tressée enveloppée de suif, était le mode d'éclairage populaire et bourgeois, tandis que la bougie, faite d'une mèche tressée enveloppée de cire fine, était le mode d'éclairage aristocratique et royal.

C'est la chandelle et non la ***bougie*** qui a produit de nombreuses expressions populaires : « devoir une fière chandelle à quelqu'un », « brûler la chandelle par les deux bouts », « voir trente-six chandelles », etc.

une bougie

ÇA

Allô ? Ça va ? Le combiné d'un téléphone « rétro » dessine un « C » tandis que la cédille est formée par le fil entortillé. Et après **ça**, vous voudriez encore écrire « sa va » ?

Ça est un pronom démonstratif, contraction familière de « cela ». Plus rare, « ci » est la forme contractée de « ceci », en usage dans l'expression « comme ci, comme ça ». En théorie, « cela » relève de la langue écrite et *ça* de la langue parlée, mais en pratique, cette distinction n'est pas vraiment respectée. On peut néanmoins préférer « cela » à « ça » lorsque l'on souhaite élever son niveau de langage. En revanche, le remplacement n'est pas possible dans la locution « cela dit » et détonne dans de nombreux dialogues.

Les psychanalystes ont fait de **ça** un nom. Centre des pulsions et des envies, le « ça » s'oppose au « surmoi », centre des normes imposées et des interdits. De cette lutte naît le « moi », siège de la conscience assurant la stabilité.

ÇA VA ?

ÇÀ ET LÀ

Dans l'expression ***çà et là***, les adverbes « çà » et « là » s'écrivent avec un accent grave représenté par les tiges des feuilles mortes qui virevoltent autour d'eux.

Avec un accent grave, l'adverbe de lieu *çà* se distingue du pronom démonstratif *ça**, contraction de « cela ». Jusqu'au XVIe siècle, il était couramment employé dans un sens proche de « ici ». On disait, de façon familière, « venez çà ! » au lieu de « venez ici ! ». Mais depuis le XIXe siècle « çà » est considéré comme un archaïsme. Il ne subsiste que dans la locution ***çà et là***, qui, par rapport à « ici et là », insiste davantage sur la notion de dispersion, d'éparpillement.

Dans sa *Chanson d'automne* (qui a inspiré ce dessin), le poète Verlaine emploie **çà** sous la forme « deçà » : *« Et je m'en vais au vent mauvais qui m'emporte deçà, delà, pareil à la feuille morte. »* Dans sa reprise, Charles Trenet l'a remplacé par « deci ».

çà et là

CÂLIN

Deux bras ouverts qui semblent étreindre la lettre « A ». Pouvait-on rêver plus doux moyen de représenter l'accent circonflexe de ***câlin*** ?

Selon toute vraisemblance, le nom ***câlin*** est issu du verbe normand *caliner*, qui caractérise les animaux qui se reposent à l'ombre pendant les fortes chaleurs. Littéralement, le *calin* est un « éclair de chaleur ». Une bien jolie définition qui fait écho au sens actuel de « gestes tendres et caresses ». Il ne vous a pas échappé que l'accent circonflexe sur le « A » n'a pas toujours été là. Il a été ajouté au XIXe siècle pour respecter le « a long » de la prononciation dialectale. Il est d'usage sur tous les dérivés : câliner, câline, câlinerie…

La marque de fromage blanc du même nom ne s'est pas montrée très câline avec le français : elle n'a pas jugé utile de faire figurer l'accent circonflexe ! Or, sans accent, un *calin* désigne l'étain de Siam et de Malacca dont on fait les boîtes à thé.

Tu veux un câlin ?

CARROSSE

Les initiales d'une célèbre marque automobile remplacent les deux « R » du nom ***carrosse***. Voilà une voiture qui ne manque pas d'R !

Un ***carrosse*** est une ancienne voiture à chevaux, luxueuse, couverte, à quatre roues et à suspension, tout à fait capable de se transformer en citrouille ! Les deux « r » étaient déjà présents dans la racine italienne *carrozza*, elle-même issue du latin *carrus* (char). On a tendance à l'oublier, mais un carrossier était jadis un cocher ou un vendeur de carrosses. De même, une carrosserie était une entreprise fabriquant des carrosses. La référence au luxe est toujours présente dans les expressions « rouler carrosse » (mener un grand train de vie) et « cinquième roue du carrosse », à propos d'une personne sans utilité.

Tous les noms français formés sur le latin *carrus* prennent deux « r » (***carrosse***, *carriole*, *charrue*, *charrette*…) sauf *chariot* ! Cette anomalie orthographique a été rectifiée en 1990 : il est désormais possible d'écrire « charriot ».

CARROSSE

CAUCHEMAR

La silhouette de la Mort portant sa faux « R » derrière ***cauchemar***. Vous avez l'habitude de l'écrire avec un « D » ? Pourtant c'est faux, alors laissez-le reposer en paix !

Le nom ***cauchemar*** est d'origine picarde. Il est composé d'un mot d'ancien français, *cauchier*, qui signifie « presser », et d'un mot néerlandais *mare*, qui signifie « fantôme ». En effet, avant de désigner un mauvais rêve, le cauchemar traduit la sensation d'oppression que l'on éprouve parfois durant le sommeil, comme si un démon s'asseyait sur notre poitrine et la comprimait de façon à gêner notre respiration. Brrr !

Pourquoi est-on si tenté d'écrire ce nom avec un « D » ? Parce que ***cauchemar*** donne « cauchemarder » ! Il semblerait que le verbe ait été influencé par le couple *bavard-bavarder*. Il n'est d'ailleurs pas le seul à se former de cette manière : le nom *bazar* a pour verbe « bazarder ».

MON PIRE CAUCHEMAR

CESSION / SESSION

La session est une séance, la cession une transmission. Avec le « S » de « saxophone », la ***session*** peut être mélodique, avec le « C » de « copyright », la ***cession*** est toujours juridique.

Issue du latin *sessio*, la ***session*** désigne à l'origine le fait d'être assis. Par extension, le terme s'est appliqué à la période pendant laquelle une assemblée délibère. Un tribunal, un parlement ou un jury d'examen se réunissent en session. Bien moins formelles, les sessions acoustiques ont la cote en musique ! Terme 100 % juridique, la ***cession***, du latin *cessio*, désigne l'action de céder, de transférer à un autre ce dont on est propriétaire (un droit, une créance, une propriété, un territoire, etc.). Il ne faut pas confondre la *cession* avec la *cessation*, « action de cesser quelque chose ».

En anglais, la ***session*** se dit aussi *session*, et pour cause, le nom est directement issu du latin *sessio*, par l'intermédiaire de l'ancien français *sessiun*. Cocorico !

une
Session
de jazz

une
©ession
COPYRIGHT
de droits

CHÈRE

Dans « bonne chère », ***chère*** s'écrit avec un « È ». Une fourchette à huître dotée de trois dents, une goutte de citron : vous voilà prêt à faire bonne chère !

Pourquoi n'écrit-on pas « chair » dans « bonne chère » ? Ce mot serait plus en rapport avec le sens : faire un bon repas, avec nécessairement de la viande au menu ! Sauf que cette expression n'a, historiquement, aucun lien avec la nourriture. ***Chère*** est une déformation du latin *cara* qui signifie « visage ». À l'origine, *faire bonne chère*, c'était faire « bon visage », c'est-à-dire « bon accueil ». Comme « bon accueil » rime souvent avec « bon repas », et que « chère » a pour homophone « chair », l'usage moderne a modifié quelque peu le sens initial. Faire bonne chère, désormais, c'est se régaler de mets succulents, que l'on soit carnivore ou végétarien !

Il existe quatre homophones : les noms ***chère*** (accueil, nourriture), *chair* (humaine, à saucisse) et *chaire* (religieuse, universitaire) et l'adjectif *cher* (coûteux) qui fait « chère » au féminin.

faire bonne CHÈRE

CHOIX

Face à un QCM (questionnaire à choix multiples), je choisis une réponse en traçant une croix, laquelle, heureux hasard*, forme le « X » du nom ***choix***.

En ancien français, *choisir*, d'origine germanique, signifiait « distinguer par la vue ». C'est au XIVe siècle qu'il gagne le sens d'*élire*, c'est-à-dire « prendre de préférence ». Résultat : *choisir* a fini par remplacer *élire*, ce dernier étant désormais réservé à la politique (élire un candidat) ou à la poésie (l'élu de mon cœur). Quant au nom ***choix*** (jadis orthographié *chois*), il n'a pas non plus conservé la référence à la vue. La preuve : on peut faire un choix les yeux fermés ! *Choix* peut également être synonyme de « sélection » lorsqu'il désigne la fine fleur d'une marchandise, d'où la locution « de premier choix ».

Qualifié de « cornélien », un ***choix*** est extrêmement difficile car il oppose généralement l'honneur à l'amour, la raison aux sentiments. On le nomme aussi « dilemme » avec deux « m » contenus dans la question : **m**er ou **m**ontagne ?

CHOIX

CINTRER / CEINTURER

Pour mémoriser l'orthographe de ***cintrer*** : une robe pendue sur un cintre, ajustée et droite comme un « I ». Pour retenir celle de ***ceinturer*** : la boucle d'une ceinture forme un « E » parfait !

Encore deux mots de même origine dont l'orthographe diffère ! En effet, ***cintrer*** vient du latin *cincturare*, « entourer », qui a également donné ***ceinturer***. D'abord employé en architecture, *cintrer* est apparu dans l'habillement au XVIIe siècle, pour signifier « ajuster un vêtement à la taille, à la ceinture ». Quant à *ceinturer*, il ne se répand que dans la seconde moitié du XIXe siècle avec le sens d'« entourer de ses bras comme d'une ceinture », le plus souvent avec l'intention de neutraliser. Pour autant, le centurion romain, que nous avons pour la plupart découvert dans les aventures d'astérisque*, pardon d'Astérix (!), ne vient pas de la ceinture mais de la centurie, groupe de cent soldats.

Lu sur le site Internet d'une marque de prêt-à-porter féminin : « robe ceintrée esprit sixties, sans manches, épaulettes, zip invisible de côté... ».

Pour

cintrer

cette robe

il suffit de la

CEINTURER

COLLIMATEUR

Ne tirez plus sur le second « L » de ***collimateur***, ce serait criminel ! Pour ne plus jamais l'oublier, on visualise un instrument de visée dont chaque angle forme un « L ».

Collimateur dérive d'un nom qui n'existe plus aujourd'hui : *collimation*, « action d'orienter un instrument de visée ». Devenu *collimateur* au XIXe siècle, il désigne l'outil permettant le pointage précis d'une arme ou d'une lunette. De cet emploi est née l'expression familière « avoir quelqu'un dans le collimateur », c'est-à-dire « le surveiller, l'avoir à l'œil ».

De faux avis de recherche dans le colimateur de la justice (francetvinfo.fr, 2014), *Trois parlementaires UMP dans le colimateur de la Haute autorité pour la transparence* (itele.fr, 2014), *Espagne : les « privilèges » de l'Église dans le colimateur* (lavie.fr, 2012), *Le triclosan, présent dans les dentifrices et déodorants, dans le colimateur des chercheurs* (lexpress.fr, 2012).

NOUS
T'AVONS
DANS LE COLLIMATEUR

COLLISION / COLLUSION

Attention à la tête ! Une pierre est sur le point d'entrer en ***collision*** avec un homme, droit comme un « I ». Pendant ce temps, une poignée de main malhonnête mime le « U » de ***collusion***.

Parce qu'ils n'ont qu'une voyelle de différence, *collision* et *collusion* sont parfois confondus. Pour être plus précis, il arrive que *collision* soit employé à la place de *collusion*. Or les deux noms sont parfaitement distincts. ***Collision*** est issu du latin *collisio*, « heurt », et désigne un choc entre deux corps en mouvement. ***Collusion*** vient quant à lui de *collusio*, « entente frauduleuse, secrète ». Dans le langage juridique, c'est une entente secrète entre deux ou plusieurs personnes pour nuire à un tiers, ce qui est puni par la loi. Dans le langage courant, une collusion désigne tout accord secret visant à tromper quelqu'un.

Collision fait également partie du vocabulaire plus technique de la musique, de la linguistique ou encore de la physique nucléaire à propos d'un choc entre particules !

COLLISION

COLLUSION

COLOC / COLLOQUE

Un fauteuil à partager entre trois colocataires pour suggérer l'unique « L » de la ***coloc***, tandis que deux micros, utiles à l'orateur, forment les deux « L » du ***colloque***.

Les deux « l » de ***colloque*** étaient déjà présents dans le verbe latin *colloqui* composé de *cum* (devenu *col-*) et de *loqui* (parler) qui a donné « loquace ». Anciennement, le colloque désignait une conversation, un dialogue. C'est en ce sens que l'humoriste Raymond Devos l'emploie quand il déclare *« Je ne suis pas ennemi du colloque »* dans son sketch *Parler pour ne rien dire*. Désormais, le colloque est une réunion de spécialistes invités à confronter leurs points de vue. Plus récent, le nom ***coloc*** ou (coloc') est l'apocope de « colocation », composé du préfixe *co-* et du nom *location* (du latin *locare,* « louer »). Il n'y a donc aucune raison d'écrire « colloc » avec deux « l » !

L'apocope consiste à supprimer une ou plusieurs syllabes en fin de mot. Outre ***coloc***, on peut citer *auto* (automobile), *ciné* (cinéma), *clim* (climatisation), *imper* (imperméable), *métro* (métropolitain), *pub* (publicité), *foot* (football), *vélo* (vélocipède)...

COLOC

colloque

COMBATTRE

Pour combattre, il faut au moins être deux ! Deux épées en bois d'inspiration médiévale, formant les deux « T » du verbe ***combattre***, sont sur le point de se croiser.

Les deux « t » de ***combattre*** étaient déjà présents dans le verbe latin *combattere*, dans lequel on reconnaît *cum-* sous la forme *com-* (avec) et le verbe *battere* (battre). Littéralement, *combattre*, c'est « (se) battre avec ». Vous remarquerez que *cum* entre dans la composition de nombreux mots de la langue française indiquant une relation, une association. Ainsi, le compagnon ou « copain » est celui avec qui je partage mon pain (*cum* + *panis*) ! À noter que *combattre* peut être transitif (combattre une armée, la grippe, le chômage) ou intransitif (combattre pour sa patrie, pour la liberté, contre les préjugés).

Le verbe ***combattre*** a fourni l'adjectif *combatif* et le nom *combativité* qui ne prennent qu'un « t » ! Ces bizarreries orthographiques ont été corrigées en 1990 : il est désormais possible d'écrire « combattif » et « combattivité ».

COMBATTRE

COMMODITÉ

Pouvoir s'asseoir pour discuter, c'est bien commode ! Les pieds de deux chaises qui se font face forment les deux « M » du nom ***commodité***.

Commodité vient de l'adjectif *commode* qui qualifie une chose qui se prête bien à l'usage qu'on veut en faire, autrement dit « pratique ». Au pluriel, les commodités désignaient jadis les cabinets – les « chaises de commodité » étaient des chaises percées – puis les équipements apportant confort et hygiène à un logement. C'est Molière qui, se fondant sur le langage précieux, utilisa la périphrase « les commodités de la conversation » pour désigner les chaises et les fauteuils. *« Vite, voiturez-nous ici les commodités de la conversation »*, demande Magdelon dans *Les Précieuses ridicules* (1659).

Né au XVIIe siècle dans les salons littéraires, le langage précieux nommait les choses de manière pudique. Voici d'autres périphrases fameuses : *l'instrument de la propreté* (le balai), *le supplément du soleil* (la chandelle), *le miroir de l'âme* (les yeux), *l'ameublement de la bouche* (les dents)…

Les COMMODITÉS de la conversation

COMTE / COMPTE

Pour croquer le « M » du ***comte*** Dracula, une chauve-souris prête à s'envoler. Pour suggérer le « P » de ***compte***, on insère dans la tirelire une pièce de monnaie.

Comte, du latin *comitem*, s'est écrit « compte » et « conte* » par le passé. D'abord haut dignitaire du royaume, le comte a peu à peu perdu de son prestige. Dans le système féodal, il était celui qui possédait un comté. Aujourd'hui, plus de terre, seul subsiste son titre de noblesse. Du latin *computus*, ***compte*** s'est également écrit « conte » jusqu'au XIIIe siècle. Qu'il désigne un calcul ou l'état détaillé des recettes et des dépenses, il est utilisé dans de nombreuses locutions figurées comme « avoir son compte », « régler ses comptes », « rendre compte », et des mots composés tels compte-gouttes (avec un trait d'union) et compte rendu (sans trait d'union).

Attention enfin à laisser au ***comte*** la place qui lui est due dans la hiérarchie des titres de noblesse du Moyen Âge ! Par ordre d'importance : écuyer, chevalier, baron, vicomte, comte, marquis, duc, prince.

COMTE
DRACULA

compte
débiteur

CONFETTI

Les deux traits noirs tracés à la verticale, de la racine du sourcil jusqu'au début de la joue, sont caractéristiques du maquillage des clowns. Ils forment les deux « T » du nom ***confetti***.

Le nom ***confetti*** apparaît pour la première fois chez Stendhal*. Il est emprunté à l'italien *confetti*, pluriel de *confetto* signifiant « bonbon ». Passé en français, il s'est éloigné de son étymologie pour devenir une « mince rondelle de papier coloré qu'on lance par poignées lors de certaines festivités ». Attention, dans ce sens, les Italiens n'utilisent plus *confetti* mais *corandolo*. À l'inverse de *confetti*, on notera que « graffiti » prend deux « f » et un « t ».

Conformément aux rectifications orthographiques de 1990, il est recommandé, au pluriel, d'écrire « scénarios » plutôt que *scenarii*, sur le modèle de « lavabos » et de « pianos ». En revanche, ***confetti***, « graffiti » et « ravioli » (au singulier en français) prennent un « s » au pluriel.

CONFETTI

CONJONCTURE

L'alignement des planètes est un phénomène rare résultant d'un concours de circonstances. Pour l'illustrer, le « O » de ***conjoncture*** est remplacé par une planète. Saurez-vous trouver laquelle ?

Conjoncture vient du latin *conjunctus* (lié) qui a donné « conjoint ». Au sens large, c'est une situation résultant d'un concours de circonstances et plus précisément la situation économique, financière, d'un pays ou d'une entreprise. À tort, *conjoncture* se transforme en ***conjecture***, *conjectura* en latin, formé à partir du verbe *conjicere* qui signifie littéralement « jeter ensemble » (*cum-* + *jacere*). Une conjecture est une idée creuse car fondée sur une probabilité, une apparence. Est-ce parce que ces deux mots trouvent chacun un écho en politique qu'ils sont si souvent confondus ?

La planète formant le « O » de ***conjoncture*** est Mars. Rappelons l'ordre des huit planètes du système solaire (en partant du Soleil) : Mercure, Vénus, la Terre, Mars, Jupiter, Saturne, Uranus et Neptune.

CONJONCTURE

CONNEXION

Le nom ***connexion*** s'écrit avec un « X » en français. Pour ne plus faire d'erreur, il suffit de mémoriser le symbole de la borne *wi-fi*, qui, heureux hasard, donne un « X » subliminal !

Nous n'avons pas attendu l'invention du *wi-fi* pour introduire ***connexion*** dans notre vocabulaire ! Dérivé du latin *connexio*, « lien, enchaînement », ce vieux mot est apparu au XIVe siècle dans des domaines aussi variés que l'anatomie, l'électricité et l'électronique. Si nous sommes tentés d'écrire « connection », c'est en raison de l'influence de l'anglais *connection*, que l'on retrouve dans l'expression *French Connection,* organisation mafieuse basée en France qui, dans les années 70, exportait de l'héroïne aux États-Unis.

En français, ***connexion,*** en anglais, *connection*. Vous pensez avoir retenu la leçon ? Mais alors, la division s'écrit-elle *section* ou *sexion* ? Seule la première forme est correcte… en français comme en anglais. N'en déplaise aux rappeurs du groupe *Sexion d'Assaut*, l'orthographe de leur nom n'est que pure invention !

Avez-vous une connexion wi-fi ?

CONTE

Cendrillon quitte le bal à la hâte, perdant sa « pantoufle » au passage. Le pied de la princesse en train de se déchausser, quelle représentation romantique du « N » de conte de fées !

Conte vient du verbe *conter*, qui, au Moyen Âge, ne faisait qu'un avec *compter*. À cette époque, ces deux verbes issus du latin *computare,* « calculer », suggéraient l'idée d'énumérer, de dresser une liste. Ce n'est qu'au XVIIe siècle que le sens de « calculer » revint exclusivement à *compter* et qu'il s'orthographia sur le modèle de sa racine latine. D'abord histoire vraie, le conte est devenu un récit inventé, souvent merveilleux, transmis oralement puis réécrit au fil du temps. Pour son adaptation de *Cendrillon*, Walt Disney a perpétué la tradition en puisant dans les versions de Charles Perrault et des frères Grimm.

Pantoufles de « verre » ou pantoufles de « vair » ? Perrault les fit en « verre » afin que seule l'héroïne puisse porter ces souliers créés spécialement pour elle par sa marraine la fée. Par souci de réalisme, Balzac crut bon de corriger « verre » en « vair », envoyant ainsi Cendrillon danser avec des chaussures en fourrure !

CONTE
de fées

COOPÉRATION

Existe-t-il plus belle coopération que l'union de deux personnes qui s'aiment ? Pour en témoigner, deux alliances forment les deux « O » de ***coopération***, qu'on veillera à bien prononcer.

Pourquoi y a-t-il deux « o » au verbe ***coopérer*** et à ses dérivés ? Parce que ces mots sont formés à partir du préfixe latin *cum-*, devenu *co-* (avec, ensemble) et du verbe *operare* (œuvrer, agir). Littéralement, « coopérer » signifie « opérer ensemble », c'est-à-dire « faire quelque chose conjointement avec quelqu'un ». À l'origine, il s'agissait d'adjoindre à l'action de la grâce un effort personnel. De religieuse, la coopération est devenue économique (par calque de l'anglais *cooperation*), internationale, policière, agricole (*via* les coopératives), etc.

Le préfixe latin *cum-* sert à former de nombreux mots français. Il devient *col-* devant un mot commençant par « l » (collaborer) ; *com-* devant un mot commençant par « b », « m », « p » (combattre*) ; *cor-* devant un mot commençant par « r » (corriger) et *con-* devant les autres consonnes (convenir).

COOPÉRATION

CÔTE

« *Si tu vas sur la côte, n'oublie pas ton petit chapeau ! »* Ces paroles ne sont pas de Dario Moreno, mais en les fredonnant, on pensera à couvrir le « O » de ***côte*** d'un sombrero !

L'accent circonflexe de ***côte*** est le vestige d'un « s » disparu, celui du latin *costa* (flanc, côté). Que la côte désigne les os de la cage thoracique (côtes flottantes), un morceau de viande (côte de bœuf), un vin produit à flanc de colline (côtes-du-rhône) ou un littoral ensoleillé (Côte d'Azur), elle prend toujours un accent circonflexe ! On distingue ainsi la côte de la ***cote*** qui indique généralement une notation : « cote boursière », « cote d'alerte », « cote de popularité ». Autre différence, la prononciation : le « o » de *côte* est fermé, celui de *cote* est ouvert. Attention, le coteau, pourtant dérivé de *côte*, s'écrit sans accent circonflexe

Depuis la « réforme » de 1990, l'accent circonflexe est maintenu sur les voyelles « a », « e » et « o ». Il est facultatif sur les voyelles « i » et « u », sauf en cas de confusion. Jusqu'à nouvel ordre donc, on continuera d'écrire *sûr** et *mûr**.

Bons baisers de la CÔTE

COURAMMENT

Faut-il un « a » ou un « e » à l'adverbe issu de l'adjectif *courant* ? C'est un « A », remplacé ici par une prise de courant, qui entre dans la composition de ***couramment***.

On ne s'en rend plus vraiment compte, mais ***couramment*** est l'adverbe correspondant au verbe *courir*. Cette idée de déplacement rapide est contenue dans l'adjectif *courant*. D'une certaine façon, l'eau courante « court » dans les tuyaux et la main courante « court » le long de l'escalier ! Le nom a le même sens : le courant (marin, électrique…) est un mouvement continu qui suit une direction. Par conséquent, l'adverbe *couramment* qualifie ce qui se fait de manière courante, c'est-à-dire avec aisance, sans difficulté. Bien sûr, on peut parler couramment une langue étrangère sans avoir à courir, bien installé sur son canapé !

Difficile de savoir si un adverbe s'écrit avec un « a » ou un « e ». La seule solution est de se reporter à l'adjectif d'origine : *apparemment* (apparent), *constamment* (constant), *évidemment* (évident), *violemment* (violent).

COURAMMENT

COURROUX

Rendons hommage au ***courroux***, avec son « X » muet représenté par un pavillon de pirate, orné d'une tête de mort surmontant deux sabres entrecroisés.

Vieux mot datant du xe siècle, ***courroux*** est sorti de l'usage courant, tout comme *ire*, au profit de « colère ». Le nom se rencontre dans de nombreuses répliques du théâtre classique. Racine l'utilisa à l'envi dans ses pièces, sous les formes « juste courroux », « noble courroux », « courroux légitime » ou encore « courroux enflammé ». En dehors du théâtre, *courroux* est encore employé dans le langage soutenu et en poésie, à propos d'animaux nobles ou féroces (le courroux du lion) et de la colère des éléments (les flots en courroux).

Courroux est également le nom d'une commune suisse du canton du Jura, dans le district de Delémont. Ses habitants, dit-on, sont plutôt pacifiques et de bonne humeur !

RIEN N'APAISE MON COURROUX

CYCLONE

Un tourbillon forme le « Y » du nom ***cyclone***, entraînant dans un même mouvement les autres lettres du mot.

Tempête qui balaie la terre ou la mer en tournant sur elle-même, ***cyclone*** vient du grec *kuklos* (roue, cercle) qui a donné « cycle ». C'est à partir de cette racine grecque qu'un Anglais nommé Piddington inventa le mot *cyclone* au XIXe siècle. Nous nous sommes donc contentés d'introduire ce mot anglais dans notre langue. En regardant la météo, vous vous êtes sûrement demandé ce que pouvait bien être ce fameux « anticyclone des Açores ». C'est une zone de haute pression atmosphérique située dans l'océan Atlantique Nord qui nous apporte un temps sec et ensoleillé l'été et atténue le refroidissement l'hiver. L'anticyclone : un remède contre la dépression !

Le nom qui suit ***cyclone*** dans le dictionnaire est « cyclope », lui aussi formé à partir de *kuklos* et d'un autre mot grec, *ôps* (œil). Littéralement, le cyclope possède un œil (*ôps*) rond (*kuklos*).

CYCLONE

CYMBALE / TIMBALES

Pour bien différencier les cymbales des timbales, deux instruments à percussion, on imagine que le « C » est un disque qu'on s'apprête à frapper et le « T » deux tambours reliés.

D'abord instrument à cordes frappées (remplacé par le clavecin), la ***cymbale*** est devenue un instrument que l'on percute avec une baguette ou une autre cymbale. Autrefois faite d'airain, elle désignait chez les chrétiens un bruit éclatant et vain. La ***timbale*** s'est formée, par mimétisme avec *cymbale*, à partir du nom *tamballe*. C'est un tambour composé d'un demi-globe de métal sur lequel est tendue une peau. D'abord dédiée à la musique militaire – elle figure encore dans l'orchestre de la garde républicaine –, la timbale fait partie de l'orchestre classique, mais aussi du folklore cubain, brésilien, catalan…

En cuisine, la ***timbale*** est un moule de forme circulaire et, par extension, la préparation culinaire cuite dans ce moule. On peut déguster des timbales de fruits de mer, de pâtes, de riz, de légumes…

CYMBALE

TIMBALES

DÉCADE

La décade, avec ses deux « D », désigne une période de dix jours. Dans notre exemple, elle s'étend du **d**imanche 1er au mar**d**i 10.

Dans ***décade***, on reconnaît le latin *decem*, lui-même issu du grec *deka* qui signifie « dix ». Passé en français, le préfixe *déca-* sert à construire des mots indiquant la multiplication par dix : décalitre (dix litres), décamètre (dix mètres), décapode (dix pattes), décalogue (dix paroles) et… décade (dix jours) ! Dans le calendrier républicain de 1793, la décade avait même remplacé la semaine. On appelait « décadi » le 10e jour de la décade qui était chômé. Attention à ne pas confondre, sous peine de subir un léger déca… lage, la décade avec la ***décennie***, du latin *decennalis* (*decem* + *annus*), « période de dix ans ». C'est en anglais que *decade* signifie « décennie » !

Déca- (dix) compose-t-il l'adjectif *décaféiné* ? Non ! Ici, c'est le préfixe privatif *dé-* qui s'ajoute à « caféiné ». Un « déca » sera toujours sans caféine, qu'on en boive un ou dix !

DÉCADE

MARDI 10

DIMANCHE 1er

DÉJÀ

Y a-t-il plus parlant qu'une pendule pour préciser la ponctuation d'un adverbe de temps ? L'aiguille des minutes pour l'accent aigu du « E », l'aiguille des heures pour l'accent grave du « A » (le grand oublié). Même le point sur le « J » est représenté !

Déjà est formé d'une vieille locution adverbiale, *des ja*, signifiant « dès à présent » ou, si l'on parle du passé, « dès ce moment-là ». On l'utilise dans la langue familière pour renforcer une constatation (c'est déjà ça !) ou en fin de phrase interrogative, pour indiquer que l'information demandée a été oubliée (comment s'appelle-t-il, déjà ?). Enfin, *déjà* entre dans la composition de locutions comme « déjà-vu », sensation d'avoir déjà été témoin ou d'avoir déjà vécu une situation présente, et « d'ores et déjà », proche de « désormais ».

Il ne vous a pas échappé que *ja* compose deux autres adverbes de temps : jadis* et jamais. Mais… c'est ***déjà*** la fin ?

C’est l’heure !

Déja ?

DESSIN / DESSEIN

Un crayon aux allures de « I », dont la mine serait le point, fait un ***dessin***. Une cible en guise de « E », pour montrer que le but est atteint, fait à ***dessein***.

Avant, ***dessin*** et ***dessein***, c'était blanc bonnet et bonnet blanc ! On les employait indifféremment au sens propre de « représentation graphique » et au sens figuré de « projet, but ». Ce n'est qu'à la fin du XVIIIe siècle que *dessein* a pris son envol laissant à *dessin* le monopole… du crayon et du papier ! Néanmoins, le double sens a survécu dans la forme pronominale *se dessiner* – prendre tournure – dans le verbe *esquisser* – « faire l'esquisse », mais aussi « jeter les bases de quelque chose » – et dans le nom *motif*, à la fois « sujet d'une œuvre » et « raison d'agir ».

Dessin et ***dessein*** sont dérivés d'un vieux verbe, *desseigner*, à l'origine d'un nom anglais très en vogue : *design* ! Retour à l'envoyeur : il a gagné notre vocabulaire dans les années 50. Avec une étymologie aussi « frenchy », peut-on réellement le considérer comme un anglicisme ?

DESSIN

dess
in

DÉTONANT / DÉTONNANT

Les lettres TNT, qui désignent un explosif puissant, entrent dans la composition de ***détonant***, avec un seul « N ». Perdue au beau milieu d'un champ, une paire d'escarpins dessine les deux « N » de ***détonnant***. Même les hérissons admettent qu'ils sortent du ton !

Détonant et *détonnant,* deux adjectifs qui s'adressent avant tout à notre oreille. Avec un « n », **détonant** vient du verbe latin *tonare* (éclater) qui a donné « tonner ». Littéralement, *détonner* revient à exploser avec un bruit violent rappelant celui du tonnerre. Avec deux « n », **détonnant** est composé du préfixe privatif *dé-* et du latin *tonus*, « son d'un instrument ». D'abord terme de musique, il signifie « sortir du ton » et qualifie au figuré quelque chose qui n'est pas en harmonie avec un ensemble.

Le verbe *étonner* vient aussi du latin *tonare* (tonner). Littéralement, « être étonné », c'est être frappé par la foudre, et donc au figuré, frappé de stupeur. Avec le temps, le sens s'est adouci : « étonné » est devenu synonyme de « surpris ».

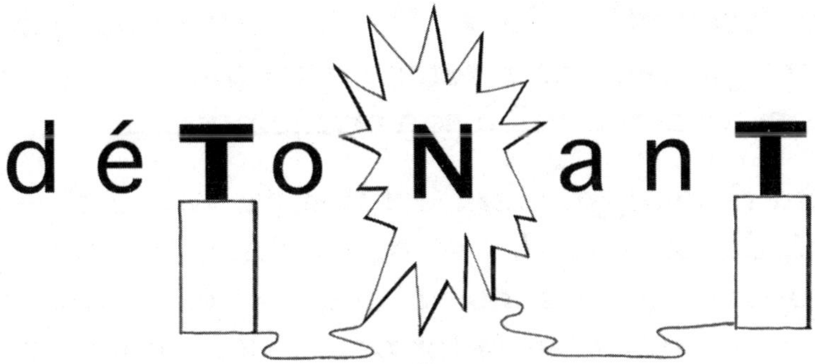
déToNanT

détonnant

DÉVELOPPEMENT

Les deux extrémités d'une pellicule photo que l'on a déroulée forment les deux « P » de ***développement***. Cette astuce, qui permet de retenir l'orthographe du nom, est également un clin d'œil à son étymologie.

Le nom ***développement*** est tiré du verbe *développer*, composé du préfixe *dé-* et de l'ancien français *voloper* (envelopper). Au sens strict, « dé-velopper » est le contraire de « en-velopper ». Par conséquent, le développement est avant tout l'action de dérouler ce qui est enveloppé sur soi-même. C'est ce qui se produit lorsqu'on développe une pellicule photo : on la déroule ! De même, lorsqu'on fait un développement, c'est-à-dire qu'on expose un sujet dans le détail, on « déroule » son raisonnement, ses arguments, de manière progressive et logique.

Le nom ***développement*** entre dans les euphémismes servant à nommer les pays pauvres de la planète : « pays en développement » a remplacé « pays en voie de développement » qui s'était lui-même substitué à « pays sous-développés ».

un long développement

DIFFÉREND

Deux poings fermés dans des gants de boxe suggèrent le premier et surtout le dernier « D » du nom ***différend***. Bien que frappante, cette image n'incite pas à en venir aux mains mais à gagner un noble combat : le dissocier de ***différent***, parce que ce n'est pas « pareil » !

Pas étonnant que l'on se trompe sur l'orthographe de ***différend*** ! Il n'est, à l'origine, qu'une variante orthographique de ***différent***, lui-même issu du latin *differens*. Ce n'est qu'au XIVe siècle que *différend* prend son indépendance pour désigner un conflit entre des personnes. Pour différencier les deux, on peut aussi se référer à leur nature grammaticale : *différend* est un nom et *différent* un adjectif. Ce dernier se distingue également du participe présent du verbe *différer* : *différant*.

Autre astuce mnémotechnique : ***différent*** se termine par un « T » comme « distinct » et *différend* par un « D » comme « désaccord ».

DIFFÉRENO

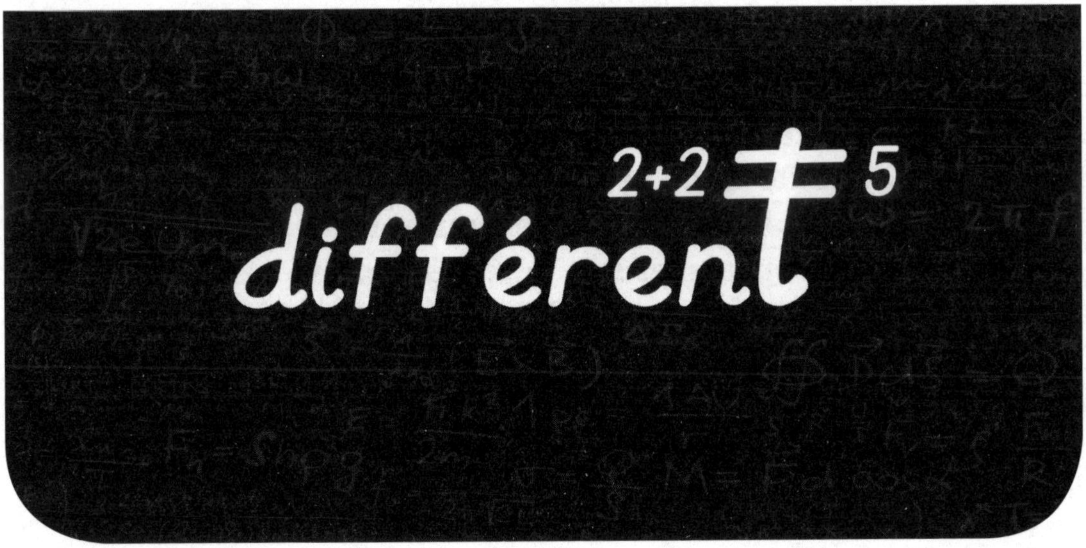

DILEMME

Ah, la destination des prochaines vacances ! Un choix qui prend parfois des allures de dilemme. Si certains sont plus « montagne » que « mer » (ou l'inverse), tout le monde sera au moins d'accord sur une chose : les deux « M » de ***dilemme***.

C'est assez rare pour être souligné, ***dilemme*** s'est toujours écrit « dilemme ». Certes, les langues antiques le faisaient finir par un « A », mais les deux « M » ont toujours été là. Signifiant « double proposition » en grec, un dilemme est un choix difficile ou douloureux entre deux solutions aussi insatisfaisantes l'une que l'autre.

Le ***dilemme*** le plus célèbre est celui imaginé par Pierre Corneille dans *Le Cid* (1637), où le personnage de Rodrigue doit choisir entre venger son père et perdre la femme aimée ou laisser son père déshonoré et épouser sa promise. Près de quatre siècles plus tard, on parle toujours de « dilemme cornélien » !

dilemme

mer ou montagne ?

DIPLÔME / CHÔMAGE

Il fut un temps où le ***diplôme*** était un rempart contre le ***chômage***. Désormais, en plus de partager un accent circonflexe – en forme de coiffe académique ou de courbe astronomique –, les deux mots sont tristement liés par l'actualité.

Dans la Grèce antique, le *diploma* était une tablette pliée en deux. Notons, au passage, que l'accent circonflexe de ***diplôme*** est hérité de sa racine grecque. En passant par la langue latine, le *diploma* a pris un caractère officiel, pour désigner aujourd'hui un document certifié conférant un titre ou un grade. Le nom ***chômage***, du verbe chômer, vient du latin *caumare*, « se reposer pendant la forte chaleur », en parlant spécialement des travailleurs ruraux. C'est au XIIIe siècle que le terme gagne le sens de « ne pas travailler », accent circonflexe en prime !

Diplôme, diplomatie, ces deux noms entretiendraient-ils un rapport ? En effet, la diplomatie consistait initialement à étudier les actes officiels (anciennement « diplômes ») réglant les rapports internationaux.

plus de

diplômes

plus de

chômage

DISCERNER / DÉCERNER

En pointant une longue-vue vers la Lune, on perçoit le « I » de ***discerner*** ; quant à la palme, elle consacre l'accent aigu sur le premier « E » de ***décerner***.

Discerner et *décerner* sont issus du même verbe latin *cernere*, « passer au crible, trier ». Cette étymologie commune a fait d'eux des synonymes de « distinguer ». On reconnaît dans ***discerner*** le préfixe latin *dis-** qui a donné à ce premier verbe le sens de séparer (discerner le bien du mal), puis de reconnaître (discerner le cri d'un animal), notamment à l'aide de la vue (discerner une couleur). D'abord terme juridique, ***décerner*** consistait à attribuer par décret, puis solennellement (décerner des honneurs, des couronnes, des statues) et enfin à accorder une récompense dans le cadre d'un concours ou d'une compétition (décerner un prix, une médaille).

Au sens figuré, « ***décerner*** la palme », c'est déclarer quelqu'un supérieur à tous ses rivaux !

DISCERNER
LA LUNE

décerner
la palme

DISTINGUABLE

Porte-bonheur, un trèfle à quatre feuilles se distingue parmi d'autres trèfles : il est ***distinguable***. Tout comme l'adjectif lui-même, qui est le seul à s'écrire avec un « U » !

Par son orthographe particulière, ***distinguable*** a-t-il voulu se distinguer ? Pourtant, le « u » était d'usage hésitant dans le verbe latin *distinguere* qui s'écrivait aussi *distingere* ! On reconnaît dans ce dernier le préfixe latin *dis-* qui marque la séparation et *stigare* (piquer). Littéralement, donc, *distinguer* signifie « séparer par une piqûre », où « piqûre » est une marque ou un trait qui différencie. Au XIXe siècle, Richard de Radonvilliers, auteur d'un *Dictionnaire des mots nouveaux* (1845), avait proposé la graphie *distingable*. Après tout, le « u » n'est plus utile puisque l'association « g + a » donne déjà le son [ga]. Voir *langage**.

Hormis ***distinguable***, tous les adjectifs qui dérivent d'un verbe en *-guer* se terminent par *-gable* : *conjuguer* donne « conjugable » ; *fatiguer*, « fatigable » ; *irriguer*, « irrigable » ; *larguer*, « largable » ; *naviguer*, « navigable »…

distinguable

DYSFONCTIONNEMENT

Pourquoi un « Y » en forme de pince ? Parce que cet outil peut réparer un ***dysfonctionnement***, c'est-à-dire un mauvais fonctionnement.

Pour traduire l'idée d'un dommage ou d'une difficulté, c'est bien le préfixe grec ***dys-*** qui est d'usage. Fréquent dans le domaine médical, il sert à nommer certains maux comme la dysenterie (maladie des intestins), la dyslexie (trouble de la lecture), la dysphasie (trouble de la parole), la dysphorie (contraire de l'euphorie) ou encore la dysorthographie (défaut d'acquisition des règles de l'orthographe). Il ne faut pas le confondre avec son cousin latin ***dis-*** qui exprime la séparation ou le contraire (disparaître, disgrâce, disculper, etc.).

Tous deux de sens négatif ou privatif, les préfixes ***dys-*** et ***dis-*** sont parfois en concurrence. Ainsi, le nom *dysharmonie*, « absence d'harmonie », a pour variante *disharmonie*, attestée par l'Académie française depuis 1992.

DYSFONCTIONNEMENT

ÉCHAPPATOIRE

La meilleure façon de se tirer d'un embarras ? Une échelle appuyée sur les barres de deux lettres « P », un tuyau pour terminer : l'échappatoire est toute trouvée !

Le nom ***échappatoire*** s'est d'abord écrit *eschapatoire* avant qu'au XVIe siècle le « S » ne soit remplacé par un accent aigu, et qu'un « P » ne soit ajouté. Pourquoi deux « P » plutôt qu'un seul ? En référence au verbe latin *excappare* qui a donné « échapper », littéralement « sortir de la chape (*cappa*) », c'est-à-dire « laisser seulement son manteau aux mains du poursuivant ». De nos jours, une échappatoire est un moyen détourné par lequel on cherche à s'échapper d'une situation difficile. Il est proche du faux-fuyant et de la fuite en avant !

Reste à savoir si les femmes et les hommes politiques qui, en interview, cherchent à esquiver une question embarrassante, ont déjà retourné leur veste avant de l'abandonner au journaliste…

Il trouva une échappatoire

ÉCLECTIQUE

Pour écouter tous les styles de musique, un casque audio suffit. Ce dernier prend la place du premier « C » d'éclectique, à ne doubler sous aucun prétexte !

Éclectique vient du mot grec *eklektikos*, « qui choisit ». Anciennement, les éclectiques étaient des philosophes qui empruntaient des éléments de leur doctrine à différentes écoles, notamment à l'épicurisme, au stoïcisme. Aujourd'hui, il qualifie une personne qui n'a pas de goût exclusif, qui prend ce qu'il y a de bon dans chaque domaine. On peut être éclectique en littérature, en politique, en religion… Attention à ne pas confondre éclectique avec deux mots qui lui ressemblent : *ecclésiastique* – qui nous incite à tort à écrire éclectique avec deux « C » – et *électrique*.

L'éclectisme se distingue de l'athlétisme, n'en déplaise aux Inconnus : « *C'est-à-dire l'éthlétisme, j'en ai fait quand j'étais jeune, du saut en longueur, tout ça, mais là j'ai arrêté. C'est fatigant l'éthlétisme !* » (réplique tirée du sketch *Tournez ménages*, 1990).

En musique, je suis

éclectique

EFFRACTION / INFRACTION

Un individu est passé à travers le portail d'un lieu habité, et en s'écartant le fer a forgé les deux « F » d'***effraction***. Et pour faire le « I » d'***infraction***, un coup de couteau dans le code pénal !

Non seulement les noms *effraction* et *infraction* appartiennent tous deux au vocabulaire du droit mais ils ont un ancêtre commun, le verbe latin *frangere*, qui signifie « rompre, briser ». Chacun a pourtant un sens bien défini. L'***effraction*** est la fracture d'une clôture en vue de pénétrer dans une propriété publique ou privée. L'***infraction*** est la violation d'une loi pénale. Il peut y avoir effraction sans infraction, par exemple, si vous perdez vos clés et que vous êtes obligé d'enfoncer votre porte. Et infraction sans effraction si vous avez laissé votre porte ouverte et que des voleurs ont pénétré chez vous.

L'infarctus, et non « l'infractus », n'a aucun rapport avec l'***infraction***. Il vient du verbe latin *farcire*, « garnir », qui a donné « farcir ». L'infarctus (du myocarde) est en effet caractérisé par l'obstruction de l'artère assurant l'irrigation du cœur.

EFFRACTION

CODE PÉNAL
INFRACTION

EH BIEN

Le « H » présent dans l'interjection « ***eh*** bien ! » se fond dans le mégaphone servant à haranguer la foule.

« Eh bien » orthographié « et bien » est une faute très courante. Or le petit mot qui sert à interpeller, à attirer l'attention ou à renforcer le propos qui précède s'écrit ***eh***. Exemples : « eh oui », « eh non », « eh quoi ». « Eh bien » marque l'émotion du locuteur ou introduit une digression, une information, par rapport à un contexte donné. Ainsi, dans la fameuse fable de La Fontaine, la fourmi lance à la cigale la formule assassine : « Vous chantiez ? j'en suis fort aise. Eh bien ! dansez maintenant. » La conjonction de coordination ***et*** n'a donc pas sa place ici. Par le passé, la distinction était beaucoup moins évidente : l'interjection et la coordination s'écrivaient toutes les deux « E » !

Pour donner de l'emphase (de l'insistance) à des phrases exclamatives ou interrogatives, c'est la conjonction ***et*** qu'il faut employer. Exemple : « et alors ! », « et voilà le travail ! », « et pourtant, elle tourne » (faussement attribué à Galilée), « et maintenant » (réellement chanté par Gilbert Bécaud).

EH BIEN !
QU'ATTENDEZ

EMPREINTES

« Empreinte » ou « emprunte » ? En découvrant à la loupe une trace de chaussure sur le sol, on découvre que c'est bien un « I » dont il s'agit.

Empreinte vient du verbe *empreindre*, du latin *imprimere* qui a donné « imprimer ». Il désigne la « marque laissée par un corps qu'on presse sur une surface ». Pour identifier un individu, il est possible de relever son empreinte digitale, généralement en apposant son index gauche sur un support (le doigt étant préalablement imbibé d'encre*) ou sur une puce reliée à un ordinateur, ou encore d'analyser son empreinte génétique à partir de tissus biologiques (bulbe de cheveux, sang, salive, sperme…). Au figuré, l'empreinte est une touche caractéristique imprimée dans un lieu ou dans une œuvre d'art : l'empreinte d'un auteur, l'empreinte de Dieu…

La confusion avec le verbe conjugué ***emprunte***, de l'infinitif « emprunter », vient du sens figuré de ce verbe, « passer par une voie pour se déplacer ». Ce qui suppose d'y laisser son ***empreinte***…

SUIVONS CES EMPREINTES

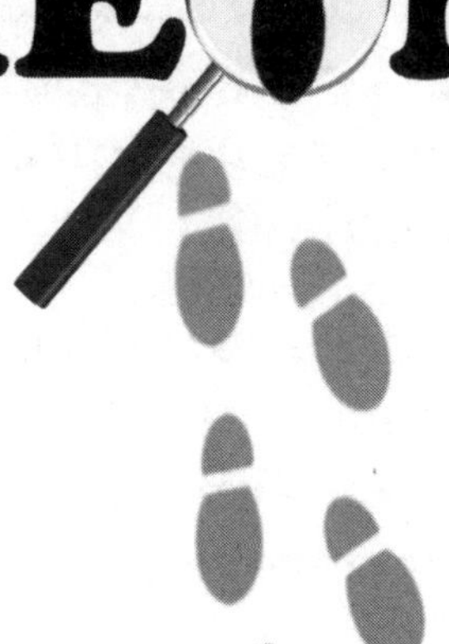

(J')ENVOIE

En visualisant la boucle en forme de « E » réalisée par un avion de papier que l'on vient d'envoyer dans les airs, vous n'écrirez plus « j'envois » mais bien *j'**envoie*** !

Comme les autres verbes du premier groupe, *envoyer* a pour terminaison « e » (j'envoi**e**), « es », (tu envoi**es**) et « e » (il envoi**e**) au présent de l'indicatif. Écrire « j'envois », avec un « s » revient à conjuguer *envoyer* comme « finir », verbe du deuxième groupe ! On veillera également à ne pas confondre la forme verbale ***envoie*** avec le nom *envoi* qui s'écrit sans « e ». Pour les distinguer, il suffit de remplacer le terme qui pose un problème par « expédie ». Si le sens de la phrase est conservé, il s'agit du verbe *envoyer*. Sinon, c'est « envoi » qui convient.

Le verbe *envoyer* a des formes particulières : au futur et au conditionnel, il donne « j'enverrai », « nous enverrions », etc.; à l'imparfait et au subjonctif, il faut ajouter un « i » après le « y » : « nous envoyions », « vous envoyiez ».

J'envoi

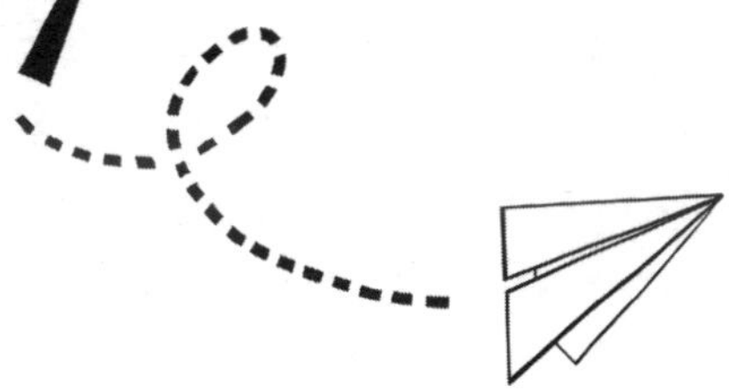

ÉQUIVOQUE

Le genre de certains noms de la langue française semble aussi énigmatique que le sexe des anges ! Pour se rappeler celui d'***équivoque***, un « V » évoque les contours du bas-ventre féminin.

Du latin *aequivocus*, « à double sens », ***équivoque*** qualifie ce qui prête à des interprétations diverses. Le philosophe Blaise Pascal parlait de « mots équivoques », sens qui sera par la suite concurrencé par « ambigu ». C'est lorsqu'il est employé comme nom, désignant une incertitude ou un manque de clarté, que la question du genre se pose. Jusqu'au XVIIe siècle, ***équivoque*** se rencontrait aussi au masculin, notamment pour caractériser un mauvais jeu de mots ou calembour. Heureusement, Vaugelas a tranché, faisant d'***équivoque*** un nom féminin… du moins jusqu'à nouvel ordre !

On dit « une » épithète (adjectif qualificatif), « une » épigramme (mot satirique), « une » épitaphe (inscription funéraire) mais « un » épithalame (poème composé à l'occasion d'un mariage).

une équivoque

ÉTAT / ÉTAT

C'est l'état d'urgence : les fantômes poursuivent Pac-Man, qui ressemble à s'y méprendre à un « e » minuscule ! Le drapeau de l'État qui flotte au vent a l'air d'un « E » majuscule.

Le nom ***état*** vient du latin *status*, « position, situation ». Déjà, dans l'Antiquité, il était associé aux noms *civitas* (cité) et *imperium* (souveraineté) mais ce n'est qu'au XIVe siècle qu'il devient l'autorité souveraine qui s'exerce sur l'ensemble d'un peuple, puis le pays qui est sous cette domination. Aujourd'hui, seul l'usage de la majuscule permet de distinguer les deux sens. Par conséquent, écrire « un coup d'état » n'est vraiment pas un coup d'éclat !

Deux titres « d'œuvres » françaises jouent sur le double sens État / état. D'abord la chanson de Luna Parker intitulée *Tes états d'âme... Éric* (1986) où l'on entend « États d'Amérique ». Puis la série *L'État de Grace* (2006), où Grace est présidente de la République française. En politique, « l'état de grâce » suit l'élection d'un nouveau dirigeant à qui l'opinion est majoritairement favorable.

État
d'urgence

État fédéral

ÉTIQUETTE / ÉTHIQUE

Le nom ***éthique*** s'écrit avec un « H », représenté ici par le symbole de l'hôpital (un « H » blanc sur fond sombre). Nul « h » dans ***étiquette***, mais un simple « I » dont le point creuse le trou de l'attache.

Le « h » du nom ***éthique*** est hérité du grec *êthikos* qui désigne la morale. En philosophie, l'éthique est la « science de la morale ». C'est même le titre d'un ouvrage de référence en la matière, *L'Éthique* de Spinoza. De manière plus générale, l'éthique regroupe les conceptions morales de quelqu'un ou d'un milieu (éthique médicale). Avant que le « s » ne disparaisse au profit de l'accent circonflexe, ***étiquette*** s'écrivait *estiquette.* Le nom désigne un petit morceau de papier fixé à un objet pour en indiquer la nature, éventuellement le prix. Attention, l'étiquetage (des bagages, par exemple) ne prend qu'un « t », conformément à sa prononciation.

Comme ***éthique***, « ethnique » s'écrit avec un « h » hérité de sa racine grecque *ethnikos*, de *ethnos* (race).

ÉTIQUETTE

ÉTHIQUE
médicale

ÉVÊQUE

Comment mémoriser l'accent circonflexe sur le deuxième « E » d'***évêque*** ? En l'imaginant coiffé d'une mitre, couvre-chef pointu que portent les évêques !

Évêque s'est d'abord écrit *evesque*. Le « s » est issu du latin *episcum*, lui-même emprunté au grec *episkopos* qui a donné l'adjectif *épiscopal* (relatif à l'évêque). On reconnaît dans la racine grecque le suffixe *-scope* qui a servi à former de nombreux mots savants comme « télescope », « horoscope » et « trombinoscope ». Autant d'outils qui servent à observer (le ciel, les astres, les trombines de ses collègues !). Littéralement donc, l'évêque est le superviseur, le surveillant d'un diocèse. Le « s » étymologique a disparu au profit d'un accent circonflexe sur la voyelle précédente. Voilà pourquoi l'*évêque* est coiffé d'un chapeau !

Au sens figuré, le bonnet d'***évêque*** désigne tout à la fois un arbuste aux fruits roses, un cactus sans épines, un piment des Antilles et le croupion d'une volaille !

un évêque

EXAUCER / EXHAUSSER

Un « C » compose l'anse de la lampe du génie capable d'***exaucer*** les vœux, tandis qu'un « H » est utilisé comme bretelles pour remonter un pantalon.

Encore une fois, ces deux homonymes ont une origine commune ! Intéressons-nous d'abord à ***exhausser***. Le préfixe *ex-* (en dehors) lui confère un sens encore plus fort que le verbe *hausser*. Exhausser, c'est donner plus de hauteur à ce qui a déjà une certaine hauteur ou encore élever une personne en dignité. De ce dernier sens est née la variante ***exaucer*** pour « satisfaire une demande ». Par la suite, *exhausser* n'a conservé que le sens de « rendre plus élevé ». Ainsi, exhausser un bâtiment, c'est lui ajouter un ou plusieurs étages, exhausser une couleur, c'est la mélanger avec une teinte* plus intense.

On peut également relever la saveur d'un aliment en y ajoutant un *exhausteur* de goût, du sel par exemple.

EXHAUSSER

exaucer

EXSANGUE

Cet adjectif est souvent écorché en « exangue ». Symbolisé par le tuyau d'une poche de sang, le « S » d'***exsangue*** ne sera plus aux abonnés absents !

Oublier le « S » d'***exsangue*** reviendrait à le vider de son sang, pardon, de son sens ! L'adjectif est issu du latin *exsanguis*, formé du nom *sanguis* (sang) auquel on a ajouté le préfixe *ex-* (hors). Au sens propre donc, ce qui est exsangue n'a pas de sang. Emprunté au vocabulaire médical (chair exsangue), l'adjectif permet de décrire des personnes dont le visage, les lèvres ou encore les mains sont exsangues, c'est-à-dire d'une pâleur extrême. Au figuré, il caractérise ce qui n'a plus de vigueur. On parle ainsi d'un pays ou d'une économie exsangues.

Le meilleur moyen de bien écrire ***exsangue***, c'est encore de bien le prononcer. Pour ce faire, il suffit de détacher le « X » du « S » et de dire [eksangue].

le corps

exsangue

du blessé

EXORBITANT

Nos yeux sont exorbités devant des prix ***exorbitants*** ! La voyelle « O » s'extrait du « X », comme l'œil sort de son orbite. Ajouter un « H » entre les deux serait contre nature !

Exorbitant, du latin *exorbitare*, est composé de *ex* + *orbita*, signifiant « hors de l'orbite, de l'ornière, de la route ». Au figuré il désigne « ce qui sort des bornes, qui dépasse les limites ». Par le passé, était *exorbitant* ce qui blessait les convenances ou choquait la morale. Par exemple, dans *Le Malade imaginaire* de Molière (1673), on trouve la formule « action exorbitante », sous-entendue malhonnête. Dans la langue juridique, ce qui est *exorbitant* se situe en dehors du droit commun. Enfin, l'adjectif est couramment synonyme d'exagéré ou d'excessif.

C'est sans doute « à cause » de mots comme *exhausser**, *exhibition*, *exhilarant*, *exhalation*, *exhorter* ou encore *exhumer* qu'on est tenté d'ajouter un « H » à ***exorbitant***.

Des prix EXORBITANTS !

FÊTE

Le socle d'une coupe de champagne, boisson festive par excellence, coiffe le « E » de ***fête*** d'un accent circonflexe. À consommer avec modération (le vin, pas l'accent) !

Avant, le verbe *fêter* se disait *fester*. Par la suite, la consonne « s » s'est transformée en accent circonflexe sur le « e » qui la précédait. ***Fête*** dérive du latin *festa dies* (jour de fête), qui a donné l'italien *festa* et l'espagnol *fiesta*, ce dernier étant passé en français populaire, notamment dans une chanson de Patrick Sébastien. Mais la racine latine est également présente dans les dérivés « festin », « festival » et « festivité ». Attention, la forme archaïque *festoyer* est employée aujourd'hui par nostalgie ou par snobisme. Voltaire, déjà, l'avait modernisée en « fêtoyer ».

Le saviez-vous ? Au Canada, « bonne ***fête*** » signifie « bon anniversaire ». Profitons-en pour rappeler que le nom *anniversaire* est masculin : il n'y a donc aucune raison d'écrire « bonne anniversaire » !

Ça se fête !

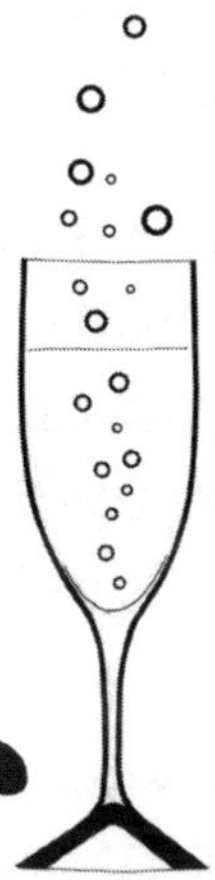

FILTRE / PHILTRE

Un « I » qui forme le filtre d'une cigarette, un « H » qui épouse les contours d'une fiole contenant une étrange potion. Voilà comment distinguer les homonymes ***filtre*** et ***philtre***, dont l'origine est… magique !

Issu du grec *philtron*, « moyen de se faire aimer », le ***philtre*** – qui jadis* s'écrivait « filtre » – désigne un breuvage propre à inspirer de l'amour. Par extension*, on parle de philtre de jeunesse et, dans les aventures d'Harry Potter, de philtre de paix, de confusion ou encore de mort vivante ! Quant au ***filtre***, d'origine médiévale, il est d'abord apparu sous la graphie *filtrum* dans le vocabulaire des alchimistes, pour désigner le dispositif à travers lequel on fait passer un liquide afin de le débarrasser de ses impuretés.

« F » ou « PH » ? L'usage est souvent hésitant. Conformément à son origine grecque *phantasma* (apparition), *fantasme* s'est d'abord écrit « phantasme ». Désormais, c'est l'orthographe de *nénuphar* qui est contestée : issu du persan *nilufar*, il devrait s'écrire « nénufar ». À ce jour, la « guerre du nénuphar » n'est toujours pas tranchée !

FILTRE

PHILTRE

FLEXION / EXTENSION

« Flexion - extension ! » répète le prof de gym. Si ces deux mouvements sont liés, leur orthographe diffère. Les genoux fléchis forment le « X » de ***flexion***, et un ressort le « S » d'***extension***.

Avec son « X », ***flexion*** vient du latin *flexio*, qui désigne l'action de fléchir. Avec son « S », ***extension*** vient du latin *extensio*, « allongement ». Ce dernier a d'abord désigné le mouvement par lequel on étend un membre (extension de la main, de l'avant-bras), puis le fait d'occuper l'espace, de s'accroître, en parlant du commerce ou d'une institution. En ce sens, l'extension est proche de l'expansion. Au figuré, l'extension donne une portée plus grande à quelque chose, par exemple la signification d'un mot.

Lu sur le site de France Info : « *Le Premier ministre a annoncé l'extention de l'expérience de la prison de Fresnes* » (janvier 2015). La faute est courante sur les sites de presse et les sites commerciaux, où des « extentions de cheveux » poussent impunément !

FLEXION

extension

FOIS / FOIE / FOI

Mise en images, une célèbre comptine peut nous aider à distinguer ces trois homophones ! Pour représenter le « S » de ***fois***, un chemin sinueux ; à la place du « E » de ***foie***, une tranche de foie gras ; quant à ***foi***, il se termine par un « I » en forme de cierge.

Une fois encore, les lettres finales muettes trouvent leur justification dans l'étymologie. Ainsi, le nom ***fois*** prend un « s » car il vient du latin *vices*. Pour arriver à ce résultat, il est passé par les formes *vez* (que l'on retrouve en espagnol) et *feiz*. ***Foie*** vient du latin *ficatum*, de *ficus* (figue). Mais où se trouve le « e » ? Dans *fecatum,* altération de *ficatum.* Enfin, ***foi*** vient du latin *fides* (confiance), que l'on retrouve dans « fidèle ». Ce n'est donc pas un hasard si les personnes qui ont la foi sont appelées « les fidèles ».

On veillera à distinguer l'adverbe *quelquefois* qui signifie « de temps en temps, parfois, à l'occasion » et l'expression *quelques fois*, c'est-à-dire « un petit nombre de fois ».

Il était une FOI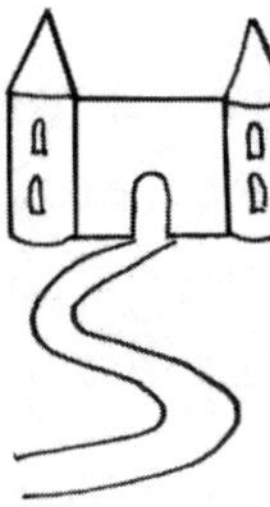

Une marchande de FOI

Qui se dit « ma FO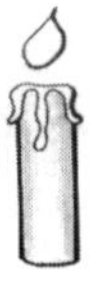 »

FOND

Une main s'introduit dans un bocal. Peut-être à la recherche d'un ultime bonbon ? Pour mémoriser le « D » muet qui termine le nom, on visualise l'ongle du doigt qui s'apprête à toucher le ***fond***.

Le nom ***fond*** vient du latin *fundus* et s'est d'abord écrit *fons*, sans « d ». Puis le « d » est revenu, et c'est le « s » qui a disparu pour désigner la partie la plus basse de quelque chose de creux (un récipient) ou de profond (le fond de l'eau, de la mer). La même idée se retrouve dans le sens figuré qui permet d'exprimer du « fond du cœur » le « fond de sa pensée » ! Avec un « s », le *fonds* désigne la terre cultivée ou bâtie, et par extension le capital dont on dispose. Exemples : un fonds de commerce, le Fonds monétaire international (FMI), le fonds d'une bibliothèque (l'ensemble de ses livres), etc.

Écrivain et humoriste ayant vécu au XIXe siècle, Alphonse Allais utilisa le nom ***fond*** pour créer des vers holorimes (qui riment d'un bout à l'autre) :

Alphonse Allais de l'âme erre et se fout à l'eau
Ah ! l'fond salé de la mer ! Hé ! Ce fou ! Hallo.

toucher le

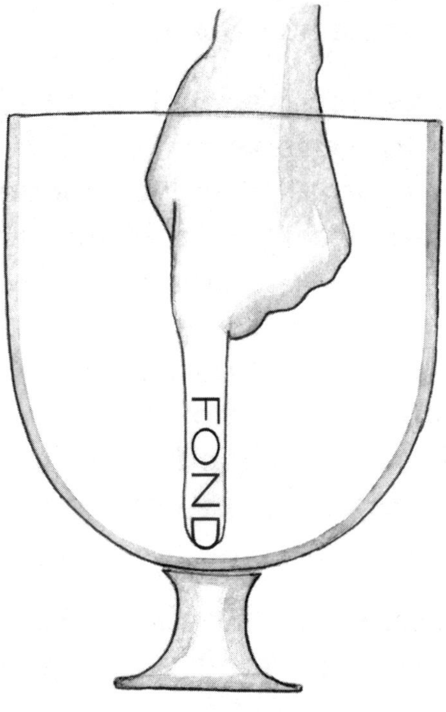

FONDS

Un fonds d'investissement, ce n'est pas tout à fait la même chose qu'un fond d'écran ! Quand ***fonds*** a le sens de « ressource », il suffit de penser au symbole du dollar pour souscrire au « S » final.

Là encore, *fond* et *fonds* sont à l'origine les deux variantes d'un même mot, qui dérive du latin *fundus*. Ce n'est qu'au XVIIe siècle que chaque forme a pris un sens déterminé. Sans « S », le ***fond*** désigne la région basse d'une chose creuse. Avec un « S », le ***fonds*** est la terre cultivée ou bâtie, et par extension le capital dont on dispose, qu'il soit économique, culturel ou humain. Par conséquent, le *fond* d'une boutique – lieu où se trouve, par exemple, la réserve – se distingue du *fonds* de commerce, « ensemble des biens permettant à un commerçant d'exercer son activité ».

Il existe un troisième homophone, *fonts,* qui ne s'emploie que dans l'expression « fonts baptismaux » pour nommer le bassin du baptême. On retrouve le « T » dans le nom « fontaine » qui est de la même famille.

Un fonds d'investissement

GABARIT

Qu'il soit grand ou petit, c'est par un « T » que se termine ***gabarit***. Et pour se signaler, il prend la forme d'une toise, qui, heureux hasard, contient aussi la lettre « T » !

D'origine provençale, le ***gabarit*** est d'abord un terme de marine, signifiant « modèle d'un bateau à construire ». Répandu dans d'autres corps de métiers comme l'architecture, la couture ou l'informatique, il désigne un modèle servant à construire un objet~~, puis la~~ forme et les dimensions de cet objet, déterminées à l'avance. Appliqué à une personne, le gabarit est synonyme de taille ou de stature, qui varie selon les morphologies. Ainsi, pour courir le rallye Dakar à moto, le Marocain Harite Gabari a forcément un fort gabarit ! *Gabarit* s'utilise aussi au figuré pour « genre, qualité ». Exemple : « Ces deux ouvrages sont du même gabarit. »

D'autres mots, à l'instar de ***gabarit***, se terminent par *-it* : appétit*, délit, écrit, frit, interdit, lit, profit, réduit, répit, subit…

Gabari

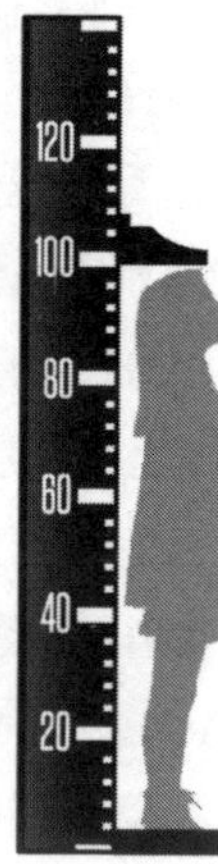

GÊNE / GÈNE

Un brin d'ADN s'est placé sur le « E » de ***gène***. Pendant ce temps, l'émoticône se vexe, mimant la ***gêne***... et son accent circonflexe !

Avec une simple différence d'accent, on pourrait croire que ***gêne*** et ***gène*** sont de la même famille, mais il n'en est rien. Cinq siècles séparent ces deux noms ! Le premier, apparu au XIVe siècle, est issu de l'ancien français *géhenne*, « torture », terme dont se sert la Bible pour désigner l'enfer. Depuis, la gêne s'est quelque peu « adoucie ». C'est un malaise physique ou moral provoqué par une situation inconfortable. Le second a été inventé par le biologiste danois Wilhelm Johannsen au début du XXe siècle. Formé à partir du grec *genos*, « naissance », il désigne l'élément du chromosome qui produit et transmet les caractères héréditaires.

Elle a beau avoir un ancêtre commun avec ***gène***, la *genèse* ne prend pas d'accent sur le premier « E », ni dans ses dérivés scientifiques comme *ostéogenèse* (création de tissu osseux).

le gene décodé

la gene occasionnée

GENT

Employé comme nom, ***gent*** est toujours féminin singulier. Pour se souvenir de son genre, on imagine un « T » tracé comme une croix surmontée d'un cercle, symbole du sexe féminin.

À l'origine, la ***gent*** désignait la nation et, dès le XVIIe siècle, la race. Ainsi, dans sa fable *Le Chat et un vieux rat*, La Fontaine nommait les petits rongeurs (rats et souris) la « gent trotte-menu ». Par la suite, la *gent* a cédé la place aux « gens », masculin pluriel. Pourtant, *gent* a subsisté dans le style littéraire où « gent féminine » et « gent masculine » sont les emplois les plus courants. Enfin, il ne faut pas confondre le nom *gent* avec l'adjectif *gent* qui signifie « gracieux, joli » et prend un « E » au féminin (gente dame). Également vieilli, il a peu à peu été remplacé par « gentil ».

Le « T » du nom ***gent*** est muet, ce qui permet de le distinguer de la *jante*, utilisée dans un domaine moins poétique : la mécanique !

La GENT féminine

GLACIÈRE / GLACIAIRE

« Iceberg droit devant » ! En attendant que le capitaine vire de bord, on découpe le « A » de ***glaciaire*** sur le bloc de glace et on décore le « E » de ***glacière*** d'un accent grave, ou, selon sa gourmandise, d'un cornet de glace.

D'abord cavité souterraine dans laquelle on conservait la glace produite l'hiver, puis récipient contenant de la glace artificielle, la ***glacière*** est bien pratique quand on part en pique-nique ! Au figuré, et pour exagérer, une glacière se dit d'un lieu très froid. Est ***glaciaire*** ce qui se rapporte aux glaciers, champs de glace éternelle (quelle poésie !) fréquents en haute montagne. Sur Terre, l'ère glaciaire se caractérise par une baisse importante de la température suivie d'une extension considérable des glaciers. Pour ne plus jamais se tromper, retenons que *glacière* est un nom et *glaciaire* un adjectif.

L'histoire du film d'animation américain *L'Âge de glace* se déroule au début d'une ère ***glaciaire*** qui nous propulse 20 000 ans en arrière.

glacière

GLACIAIRE

GOLF / GOLFE

Le golfeur frappe un « E » en guise de balle pour rappeler que le ***golf***, sport de plein air, s'écrit sans « E », contrairement au ***golfe***, avancée de la mer à l'intérieur des terres.

Tordons le cou à une idée fantaisiste et volontiers sexiste : ***golf*** n'est pas l'acronyme de Gentlemen Only Ladies Forbidden (réservés aux hommes, interdit aux femmes). C'est un nom anglais, d'origine écossaise ou hollandaise, apparu dans notre vocabulaire à la fin du XIXe siècle, lorsque ce sport fut importé en France. Il est donc bien distinct du ***golfe***, de l'italien *golfo*, terme de géographie qui s'est généralisé grâce aux récits de voyage du XVIe siècle sur les golfes des Indes orientales ou occidentales, depuis rebaptisées « Amérique ». Avec une majuscule, le Golfe désigne le golfe persique ou arabique (ex : la guerre du Golfe).

Green, *club*, *swing*, le vocabulaire du ***golf*** est essentiellement composé de mots anglais qui n'ont pas été traduits en français… sauf au Québec, où les équivalents proposés sont : « vert », « bâton » et « élan ».

golfe du Mexique

golf

GOURMAND / GOURMET

Le ***gourmet*** accompagne les mets qu'il déguste d'un bon vin, le tire-bouchon symbolisant le « T » final du nom. Le ***gourmand*** ne s'embarrasse pas : en pensant à la nourriture qu'il va engloutir, il salive déjà !

On ne connaît pas précisément l'étymologie du nom ***gourmand*** qui fait peut-être référence à la gorge. Ce que l'on sait, c'est que le mot a toujours désigné « celui qui mange avec avidité ». À l'origine, le ***gourmet*** était un valet chargé de conduire les vins puis, par extension, un amateur de bons vins. Le nom, qui s'écrivait alors *groumet,* est devenu « gourmet » par métathèse (ici, permutation de la lettre « r »). C'est au XVIIIe siècle, sous l'influence de « gourmand », que le nom est sorti du domaine œnologique à propos d'une personne appréciant la bonne chère*. Notez que l'anglais *groom* provient de la même racine.

Autres métathèses : en ancien français, « fromage » s'écrivait *formage* et « brebis » *berbis*. « *Le* ***gourmet*** *apprécie le fromage de brebis* » : cette combinaison de trois métathèses fera forte impression lors d'un dîner, entre la poire et… le fromage !

GOURMAND

GOURMET

GRADATION / GRADUATION

Un alpiniste gravit une montagne dont le sommet forme le « A » de ***gradation*** tandis qu'un récipient gradué remplace le « U » de ***graduation***.

Si ces deux noms se ressemblent autant, c'est qu'ils ont un ancêtre commun : le latin *gradus* qui signifie « degré ». La ***gradation*** est une progression par degrés, le plus souvent ascendante, notamment dans les arts (gradation de couleurs). En rhétorique, c'est une figure de style qui consiste à disposer les termes d'une énumération dans un ordre de valeur croissant ou décroissant. La ***graduation*** est l'ensemble de traits marqués sur certains objets et qui permettent de mesurer des quantités (graduation d'un biberon).

Quelques exemples de gradations littéraires : *« Va, cours, vole, et nous venge. »* (*Le Cid* de Corneille) ; *« ...Je me meurs; je suis mort; je suis enterré. »* (*L'Avare* de Molière) ; *« C'est un roc ! C'est un pic ! C'est un cap ! Que dis-je, c'est un cap ? C'est une péninsule ! »* (*Cyrano de Bergerac* d'Edmond Rostand).

GRADATION

GRADUATION

GRIL / GRILL

L'unique « L » du ***gril*** est symbolisé par le manche d'un ustensile permettant, notamment, de faire griller des saucisses. L'entrée du ***grill*** est formée par deux « L » accueillants.

Avec un « l », ***gril*** (au pluriel « grils ») est la forme masculine du nom féminin « grille ». Il désigne un ustensile de cuisine fait d'une grille métallique ou d'une plaque de fonte striée destiné à cuire les aliments à feu vif. Le gril est également employé en anatomie où il désigne l'ensemble des côtes* du corps humain (*gril costal*). Avec deux « l », le ***grill*** (au pluriel « grills ») est l'abréviation de l'anglais *grill-room*, littéralement « salle à grillade ». C'est un restaurant où l'on mange essentiellement des grillades préparées sous les yeux des clients. On parle aussi de « rôtisserie ».

Le ***gril*** a d'abord été un instrument de supplice. De ce sens découle l'expression « être sur le gril », c'est-à-dire dans une situation pénible ou embarrassante.

être sur le

gri 

déjeuner au

GRI 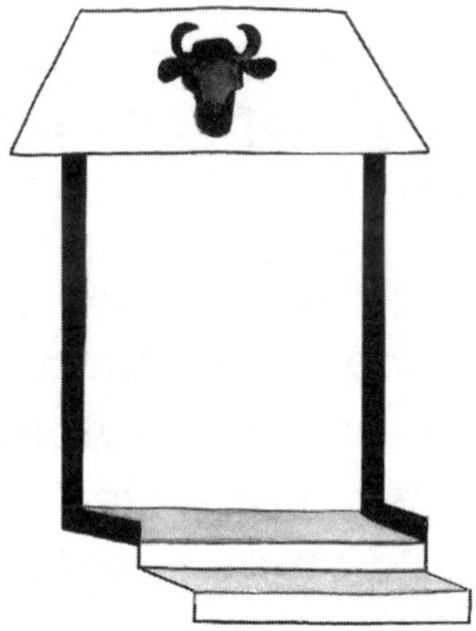

HALTÈRE

Est-ce un hasard si l'***haltère*** a la forme d'un « H » et commence par un « H » ? Avec un peu de volonté et d'entraînement, son orthographe devient un jeu d'enfant.

Ce n'est pas un culturiste mais néanmoins un homme de culture, Rabelais, qui introduit en 1534 le nom ***haltère*** dans notre vocabulaire. Dans *Gargantua*, le géant éponyme fortifiait ses muscles en soulevant au-dessus de sa tête deux masses de plomb de 8 700 quintaux chacune que l'auteur nomma *alteres*. Ce n'est que plus tard que le « H » a été ajouté en référence à la racine grecque du mot, *halteres*, « balanciers pour le saut, la danse », et afin de le distinguer de son homophone ***altère***, issu de la conjugaison du verbe altérer.

Si l'on se trompe sur le genre du nom ***haltère*** (on a tendance à le féminiser alors qu'il est masculin), c'est parce qu'il s'emploie essentiellement au pluriel pour désigner l'exercice sportif consistant à soulever des barres de métal munies de poids* à leurs extrémités.

HALTÈRES

HASARD

Six ! Joli coup ! Les arêtes* d'un dé lancé sur un tapis de jeu tracent les contours du « S » servant à écrire le nom ***hasard***. Mettre un « z » à la place vous ferait perdre gros !

Nous l'avons oublié, mais à l'origine le ***hasard*** était un jeu de dés ! Le mot vient de l'arabe *az ahr* par l'intermédiaire de l'espagnol *azar*. Passé en français, le « z » s'est mué en « s » devant une voyelle. Quant au « h », il est dû au fait que les mots à initiale vocalique, d'origine étrangère, étaient régulièrement écrits avec un « h ». Au Moyen Âge donc, le hasard désignait non seulement le jeu de dés, mais également le coup heureux à ce jeu, c'est-à-dire le six ! Puis le hasard est devenu synonyme de « bonheur », mais comme tout ce qui tient du jeu est incertain, il a fini par impliquer l'idée de risque puis d'événement fortuit et sans cause.

Hazard s'écrit avec un « z » dans deux cas : en anglais, où il désigne avant tout le risque et le danger, et dans le nom du chanteur français Thierry Hazard, célèbre pour son *Jerk*, tube de l'été 1990 !

HASARD

HAUTEUR / AUTEUR

Une échelle appuyée contre une bibliothèque, dont les barreaux forment un « H », permet d'attraper les livres situés en ***hauteur***, tandis que les lettres du nom ***auteur*** se profilent sur les tranches des ouvrages.

Même si une seule lettre les sépare, ces deux noms ne sont pas de la même famille : ***auteur*** vient du latin *auctor* qui signifie « instigateur ». L'auteur est la personne qui écrit des livres ou produit d'autres créations (l'auteur d'un tableau, d'une musique, d'un film, etc). Plus largement, l'auteur est la cause de quelque chose (l'auteur d'un crime). ***Hauteur*** vient de l'adjectif *haut*, du latin *altus* qui a donné « altesse », « altier » et « altitude ». Le « h », que l'on retrouve dans l'allemand *hoch* ou l'anglais *high*, aurait été ajouté sous l'influence du francisque *hauh* ou *hôh,* de même sens.

En France, le nom ***auteur*** n'a officiellement pas de féminin. Si *autrice* est la forme régulière, *auteure* lui est généralement préférée. Mais l'Académie française n'est pas de cet avis : « Il faut absolument éviter *auteure* ! » a-t-elle prévenu sur son site.

AUTEUR

HÉMISPHÈRE

Le nom ***hémisphère*** étant de genre masculin, on dit « un hémisphère ». Pour s'en souvenir, on visualise à la place du « H » un pictogramme représentant l'homme.

Tous les mots composés de « sphère » sont féminins : une atmosphère, une biosphère, une stratosphère… Seuls « hémisphère » et « planisphère » sont masculins ! Pourquoi ? Sans doute parce que ces derniers ont été formés tardivement sur des noms grecs et latins de genre neutre. *Sphère* est emprunté, par l'intermédiaire du latin, au grec *sphaira* qui désigne un corps rond. L'***hémisphère***, quant à lui, est composé du préfixe grec *hémi-* (demi) que l'on retrouve dans « hémicycle ». Un hémisphère est littéralement une demi-sphère et, au sens courant, chacune des deux moitiés du globe délimitées par l'équateur (l'hémisphère nord et l'hémisphère sud).

Contrairement aux idées reçues, ce n'est pas Galilée qui a découvert que la Terre était une sphère ! On le savait dès l'Antiquité, grâce, notamment, aux calculs du savant grec Ératosthène. Galilée défendait l'héliocentrisme : la Terre tourne autour du Soleil, situé au centre de l'univers.

un HÉMISPHÈRE

HÉROS / HÉRAUT

Qui mieux que Superman pour symboliser le « S » de ***héros*** ? Mais pas question qu'il vole la vedette au ***héraut*** à la trompette !

D'abord demi-dieu, le ***héros*** était un chef militaire de la guerre de Troie tels Ulysse et Agamemnon. Cette notion de surhomme a traversé les époques et imprégné les *comic books* américains. Par la suite, le héros est devenu un homme de grande valeur, digne de l'estime publique, puis le personnage principal d'une aventure. Au Moyen Âge, le ***héraut*** était un officier chargé de transmettre des messages importants lors de cérémonies publiques. Passé dans le langage littéraire, le héraut est devenu l'annonciateur, le messager, et même l'apologiste, le chantre de quelqu'un ou de quelque chose.

Dans la littérature et le cinéma est apparu « l'antihéros », personnage qui n'a aucun des caractères du héros traditionnel. Quelques exemples : Conan le Barbare, Scarlett O'Hara, Gaston Lagaffe, Homer Simpson, Dexter…

HÉROS

hérau

HIPPODROME

Les quatre fers d'un cheval piétinent sur quatre lettres du nom ***hippodrome***, et surtout les deux « P » qu'à l'inverse de la haie on ne doit pas sauter !

Hippodrome fait partie de ces mots d'origine grecque formés du préfixe *hippo-*, issu de *hippos*, « cheval ». Sachant que le nom *dromos* signifie « course », il est aisé de deviner que l'hippodrome accueille des courses de chevaux ! Cette même étymologie nous apprend que l'hippopotame est le cheval du fleuve (*potamos*), que l'hippocampe ressemble à un cheval courbé (*kampê*), que l'hippophage mange de la viande de cheval et que l'hippomobile est un véhicule tiré par des chevaux. Attention, Hippocrate n'est pas le « gouvernement des chevaux ». C'est un médecin grec du ve siècle avant J.-C., qui a donné son nom à un célèbre serment*.

Le préfixe ***hippo-*** est parfois confondu avec un autre préfixe grec, ***hypo-***, désignant l'infériorité, au sens propre comme au figuré. Ainsi, l'hypoderme se situe sous l'épiderme, l'hypophyse est à la base du crâne, l'hypokhâgne précède la khâgne, etc.

Hippodrome

HIVERNER / HIBERNER

Un feu allumé entre deux branches qui se croisent forme le « V » de ***hiverner***. Pour ne pas être dérangée, une marmotte endormie porte un masque de nuit qui remplace le « B » de ***hiberner***.

Voici deux paronymes de même origine mais dont le sens diffère. *Hiverner* et *hiberner* viennent tous deux du verbe latin *hibernare*, « être en quartier d'hiver ». ***Hiverner*** consiste à passer l'hiver à l'abri, sans pour autant être endormi ! Les humains hivernent devant un bon feu de cheminée, les vaches hivernent dans l'étable, les bateaux hivernent dans le port… ***Hiberner*** est un phénomène biologique propre à certains animaux (marmottes, hérissons, lézards…). À l'arrivée de l'hiver, ces derniers plongent dans un état de léthargie : métabolisme, taux respiratoire, température et rythme cardiaque : tout fonctionne au ralenti !

Contrairement à la pensée populaire, l'ours n'hiberne pas, il hiverne. Certes, il est tapi dans sa tanière mais peut en sortir à tout moment. La femelle en profite même pour mettre au monde ses petits.

HIVERNER

HIBERNER

HOBBY

Deux « B » se tournent le dos pour esquisser les contours d'un violoncelle dont la pratique peut être considérée comme un ***hobby***, c'est-à-dire un loisir.

À l'origine, ***hobby*** est un mot anglais, abréviation de *hobby-horse* (petit cheval, dada). En ancien français, il a produit le nom *haubin* (avec ou sans « h ») qui désigne un poney. Puis *hobby* est passé du concret à l'abstrait en devenant un passe-temps, une activité à laquelle on se consacre durant ses loisirs. Dans le milieu professionnel, l'expression « centre d'intérêt » (où « intérêt » est au singulier) est couramment* employée. À noter que le pluriel traditionnel de *hobby* est « hobbies », sur le modèle anglais. Mais depuis les rectifications orthographiques de 1990, il est possible d'écrire « hobbys ».

Un « violon d'Ingres » est un loisir pratiqué par une personne maîtrisant mieux un autre art. Ingres, en effet, était un célèbre peintre du XIXe siècle dont le plaisir favori était de jouer du violon.

HOBBY

HÔTE / HOTTE

Une chaise remplace le « H » du nom ***hôte***, tandis que l'abat-jour éclairant la table s'est mué en accent circonflexe. Mais qui sera notre hôte ? Est-ce le Père Noël qui porte sa ***hotte*** remplie de cadeaux grâce à deux bretelles en forme de « T » ?

Hôte s'est d'abord écrit *oste* puis *hoste* après l'ajout du « h » étymologique de *hospes* qui a donné « hospitalité ». Historiquement, l'hôte est la personne qui accueille, qui reçoit (à l'époque l'aubergiste, le cabaretier…). Or, parallèlement, il devient la personne qui est reçue. Mais alors, dans l'expression « table d'hôte », qui est l'hôte ? Signifiant une chose et son contraire, *hôte* est un énantiosème, terme forgé par le sémiologue Roland Barthes. Quant au nom ***hotte***, il est issu du francisque (langue germanique que parlaient les Francs) *hotta*, « grand panier fixé sur le dos à l'aide de bretelles ».

D'autres énantiosèmes : *amateur* (expert ou incompétent), *crépuscule* (du matin ou du soir), *critique* (art de juger ou justement hostile), *écran*, *apprendre*, *chasser*, *louer*, *remercier*, *sanctionner*, *supporter*, etc.

hôte

HOTTE

HÔTEL / AUTEL

« Avant d'aller à l'hôtel, conduis-moi à l'autel ! » pourrait dire une jeune fille bien élevée à garçon trop pressé. Ici, le « H » de l'***hôtel*** est semblable à un lit et le « U » de l'***autel*** à un calice.

Si aujourd'hui ces deux homonymes s'opposent, ils sont tous deux liés, de près (autel) ou de loin (hôtel) à la religion. Dans l'Antiquité, l'***autel*** était la table servant aux sacrifices d'animaux, puis, chez les chrétiens, la table où l'on célèbre la messe. Par extension, l'autel désigne la religion, notamment dans l'expression « le trône et l'autel », où le trône incarne la monarchie. Aujourd'hui, « aller à l'autel » signifie « se marier ». D'abord écrit *hostel*, l'***hôtel*** était un hôpital administré par l'Église (hôtel-dieu) avant de devenir une riche demeure (hôtel particulier) et un établissement public (hôtel de ville). C'est au XVIIe siècle que l'hôtel remplace l'auberge et gagne son sens actuel.

Le *maître-autel* est l'***autel*** qui est placé dans le chœur d'une église alors que le *maître d'hôtel* dirige le service des tables dans un restaurant !

A TEL

OTEL

HUIS CLOS

Il n'est pas nécessaire d'être huit pour se réunir à ***huis clos*** ! Il suffit de fermer la porte (*huis* en vieux français), dont la serrure laisse entrevoir un « S ».

Le « S » de ***huis*** est hérité du latin *ostium* signifiant « entrée, ouverture ». C'est au XVIe siècle que le « H » a été introduit pour éviter que le mot ne se prononce [vis], car à l'époque, la lettre « U » s'écrivait aussi « V ». Dès le XVIIe siècle, *huis* devient archaïque ou littéraire, car il est concurrencé par « porte ». De nos jours, on ne le rencontre plus que dans la locution « à huis clos », littéralement « à porte fermée » et au figuré « en petit comité ». En tant que nom, « huis clos » est un terme juridique excluant le public d'une audience (demander le huis clos). C'est également un genre apprécié au théâtre et au cinéma, comme *Huis clos* de Jean-Paul Sartre ou *Douze hommes en colère* de Sidney Lumet.

Huis est encore présent dans *huissier*, littéralement, « gardien d'une porte ». À l'origine « officier dont la charge était d'ouvrir et de fermer une porte », l'huissier est désormais celui qui annonce et introduit les visiteurs quand il n'est pas préposé au service de certaines assemblées (huissier de parlement).

une
réunion
à
huis clos

HYDRATER

Un cactus se dresse au beau milieu d'un désert aride. Son tronc et ses deux arborescences dessinent un « Y » parfait : celui du verbe ***hydrater***. Vite, de l'eau !

Le « y » d'***hydrater*** est le vestige d'un ancien « u » issu de la racine grecque *hudôr* qui signifie « eau ». Sous la forme *hydro*, elle entre dans la composition de très nombreux mots scientifiques et techniques qui indiquent une relation avec l'eau. En chimie, par exemple, *hydrater* consiste à combiner une substance avec de l'eau. C'est pourquoi les noms de certains produits chimiques commencent par « hydrate » (de carbone, de méthane, de potasse…). Du laboratoire à la salle de bains, il n'y a qu'un pas ! On hydrate sa peau avec de la crème hydratante, capable de fixer l'eau dans les cellules de l'épiderme.

Quelques noms composés du préfixe *hydro-* : *hydrographie* (étude des mers, des océans…), *hydraulique* (mû par l'eau), *hydronyme* (nom de cours d'eau ou de lac), *hydrogène* (molécule entrant dans la composition de l'eau), *hydromel* (boisson faite d'eau et de miel).

HYDRATER

HYDRE

Monstre mythique de l'Antiquité, l'***hydre*** possède sept têtes. Deux d'entre elles servent à former le « Y » qui compose son nom.

À l'origine, l'***hydre*** n'était pas une créature fabuleuse mais un serpent d'eau. On reconnaît dans son nom, de genre féminin, la racine grecque *hudôr* (eau). Dans la mythologie grecque, l'Hydre de Lerne était un serpent à sept têtes, lesquelles avaient la particularité de repousser après avoir été coupées. Tuer l'Hydre de Lerne était le deuxième des douze travaux d'Hercule (*Héraclès* en grec). Ce dernier réussira à la vaincre en utilisant le feu pour cautériser les blessures de son cou et empêcher ainsi la régénération des têtes. Par métaphore, l'hydre symbolise un mal qui se renouvelle, en dépit des efforts faits pour l'éradiquer.

Ne pas confondre l'***hydre*** avec une créature mythologique dotée de la même longévité : le phénix, oiseau qui avait le pouvoir de renaître après s'être consumé sous l'effet de sa propre chaleur.

HYDRE

IGLOO

Deux boules de glace posées sur un cornet patientent dans le congélateur dans l'attente d'être dégustées. Elles forment les deux « O » du nom ***igloo***.

Le nom *igloo* (au pluriel *igloos*) est un anglicisme, mais les Anglais ne l'ont pas inventé. Ils n'ont fait que retranscrire, au XVIIe siècle, le mot qui, dans la langue des Inuits (l'eskimo), désigne la maison : *iglo*. Il s'agit plus précisément d'un abri en forme de dôme, construit avec des blocs de neige et qui sert d'habitat saisonnier à certains groupes d'Esquimaux. Mais comment s'y prend-on pour construire un igloo ? Facile : on l'édifie de l'intérieur, en superposant les blocs de neige compacte sur un plan circulaire. La variante francisée « iglou » est également attestée dans les dictionnaires.

Les noms finissant par *-oo* sont rares en français. Outre ***igloo***, on peut citer deux autres anglicismes : *zoo*, abréviation de *zoogical garden* (jardin zoologique) et *didgeridoo*, instrument de musique à vent utilisé par les Aborigènes* d'Australie.

iGL

INCLINAISON / INCLINATION

Le « S » du nom ***inclinaison*** se profile dans un siège d'avion tandis que le « T » de ***inclination*** (ici, pour les mathématiques) est remplacé par le symbole π (Pi).

Le verbe *incliner*, du latin *inclinare* (faire pencher), a produit deux noms : *inclinaison* et *inclination*. L'***inclinaison*** est l'action de baisser, de diriger vers le bas, d'où l'inclinaison d'une droite, de la tour de Pise, d'une écriture, d'un siège, etc. L'***inclination*** a le sens figuré de « penchant ». En littérature, c'est un mouvement qui porte à aimer quelqu'un. Ainsi, Molière écrit dans *Dom Juan* : *« Les inclinations naissantes, après tout, ont des charmes inexplicables… ».* Bien sûr, l'un et l'autre ne sont pas incompatibles : on peut manifester son inclination par une inclinaison de tête !

Dans les avions, la question de l'inclinaison du siège est la cause majeure des tensions entre voyageurs. Le 27 août 2014, un passager du vol Miami-Paris a été débarqué à Boston après une crise de nerfs. La raison ? La voisine de devant avait incliné son siège…

INCLINAISON

du siège

INCLINATION

pour les maths

INDEMNE

En plus de sauver des vies, la ceinture de sécurité nous sert à mémoriser le « N » d'***indemne***. Lui non plus, il ne faut pas l'oublier…

Indemne est formé sur le latin *indemnis*, où l'on reconnaît le préfixe privatif *in-* accolé au nom *damnum,* « dommage », qui a donné le verbe *damner*. Connaissant son étymologie, il est facile de deviner qu'est *indemne* ce qui n'a pas subi de dommage, sens qui a subsisté jusqu'à nos jours. On comprend mieux d'où vient ce « N » qui, à tort, se transforme en « M ». Être indemne, c'est être sain et sauf ou intact, pour un objet. Le terme s'emploie en droit à propos d'une personne qui n'a pas éprouvé de dommage physique ou qui n'a pas subi un préjudice moral.

L'autre moyen de se souvenir qu'***indemne*** s'écrit avec un « M » suivi d'un « N », c'est de penser à ses dérivés comme « indemniser » et « indemnité ». Un individu qui sort indemne d'un accident peut-il être indemnisé ?

INDEMNE

INFARCTUS

Pour écrire et prononcer correctement ***infarctus***, on pense à « myocarde », nom auquel il est généralement associé. Les deux mots ont en commun les lettres « AR », à ne pas inverser, même en cas d'urgence !

Si l'on est tenté de dire « infractus », c'est sans doute par confusion avec « fracture » ou « infraction ». Ces deux noms sont issus du verbe latin *frangere* qui signifie « briser ». Or, l'***infarctus*** n'a ni le même sens ni la même origine ! Il vient du verbe latin *farcire* (garnir) qui a donné « farcir ». Littéralement, l'infarctus est ce qui obstrue un organe, entraînant sa nécrose. En particulier, l'infarctus du myocarde est caractérisé par l'obstruction de l'artère assurant l'irrigation du cœur. La racine latine transparaît dans les dérivés d'*infarctus*, tels *infarci* et *infarcissement*, d'usage plus rare.

Un barbarisme est un mot dont l'orthographe est écorchée. Outre « infractus » au lieu d'***infarctus***, on peut citer « aéropage » (*aréopage*) et « omnibuler » (*obnubiler*). On oppose le barbarisme au solécisme, lequel malmène la grammaire et la syntaxe.

INFARCTUS MYOCARDE

IRRUPTION / ÉRUPTION

Pour représenter le « I » du nom ***irruption***, la serrure d'une porte qu'on ouvre violemment. Le « E » d'***éruption***, quant à lui, prend place dans le cratère d'un volcan tourbillonnant et crachant.

Souvent confondus, ces deux paronymes sont pourtant deux contraires : l'irruption désigne une entrée brusque et l'éruption une sortie violente ! Certes, ils sont tous deux formés à partir du verbe latin *rumperer* (briser) qui a produit « rompre ». À ***irruption,*** on a ajouté le préfixe *ir-* (in) pour créer *irrumpere* (avec deux « r » !). « Faire irruption », c'est donc entrer de manière brusque et inattendue dans un lieu. À ***éruption***, on a ajouté le préfixe *ex-* (hors), dont le « x » s'est effacé, ce qui a donné *erumpere* (avec un seul « r » !). Littéralement, le verbe signifie « sortir en brisant », qu'il s'agisse des boutons qui percent la peau (éruption cutanée) ou du volcan qui rejette sa lave en fissurant le sol (éruption volcanique) !

Jacques Cheminée (1937-2003) était un célèbre volcanologue français. Son nom, en parfaite adéquation avec sa fonction, est un « aptonyme ».

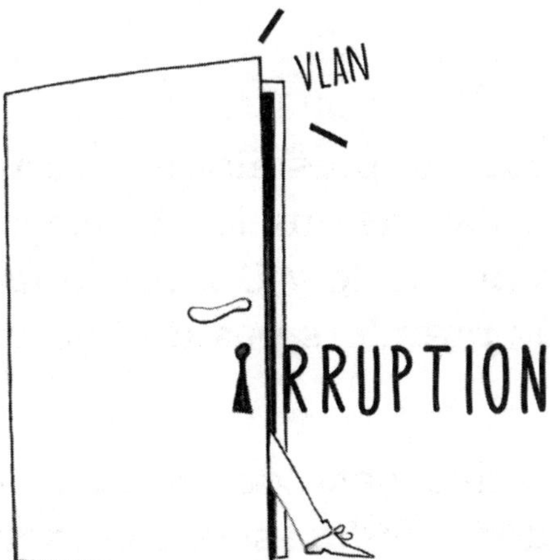
VLAN
IRRUPTION

éruption

JADIS / NAGUÈRE

Pour se souvenir que ***jadis*** est plus éloigné dans le temps que ***naguère***, on imagine que le « J » de *jadis* longe le cou d'un diplodocus et que le « G » de *naguère* trace le « 9 » de l'année 1969 : premiers pas de l'homme sur la Lune.

Décortiquons ces deux adverbes de temps, qui appartiennent au langage soutenu. ***Jadis*** est la contraction de *ja a dis*, soit « il y a déjà des jours ». ***Naguère*** est la contraction de « il n'y a guère », indiquant une époque plus proche de la nôtre. Par le passé, la distinction entre les deux adverbes était très nette. En témoigne le recueil de Verlaine intitulé *Jadis et naguère* (1884). Aujourd'hui, la nuance tend malheureusement à s'estomper : *naguère* s'emploie de plus en plus au sens de *jadis* pour évoquer un passé fort lointain, faisant fi de son étymologie !

Lu dans le numéro 1148 du magazine *Science&Vie* (mai 2013) : « ***Naguère*** *le dromadaire vivait au pôle*.* » Et l'article de préciser juste après : « il y a 3,5 millions d'années »...

naguère
1969
Jadis

KRACH / CRACK

Pas besoin d'être un ***crack*** fraîchement certifié par une couronne de laurier pour comprendre qu'un ***krach*** est un « K » de force majeure sur les marchés financiers !

Krach et *crack* sont deux mots empruntés, le premier au néerlandais, le second à l'anglais. C'est à la suite de l'effondrement des cours de la Bourse à Vienne, le 9 mai 1873, que ***krach*** est passé dans l'usage courant. Il s'est étendu à la situation d'une banque qui ne peut plus faire face aux demandes de retrait, puis à un effondrement des cours de la Bourse. Apparu dans le vocabulaire du turf (sport hippique né en Angleterre), ***crack*** a d'abord caractérisé un cheval ou un joueur « digne d'éloge, exceptionnel ». En effet, le verbe anglais *to crack* signifie « faire du bruit », et au figuré « se vanter ». Aujourd'hui, un crack est une personne qui réussit particulièrement bien dans un domaine, sportif ou autre.

Avis aux amateurs de Scrabble ! ***Krach*** et ***crack*** ont trois autres homonymes : *craque*, « mensonge » ; *crac*, « bruit d'une chose qui se rompt » ; et *krak*, château fort construit par les croisés en Syrie au XIIe siècle.

CRACK BOURSIER

C'est un CRACK en maths !

LÀ

Un plan touristique de Paris présentant ses principaux monuments, une indication de votre position (ici) et un peu plus loin, me voyez-vous ? Je suis là ! La flèche montrant ma position trace l'accent grave de l'adverbe ***là***.

Avec un accent grave, ***là*** est surtout employé comme adverbe de lieu. Opposé à « ici », il désigne des objets plus éloignés ou dont il vient d'être question. Suivant cette logique, « voici » annonce ce qui va suivre et « voilà » renvoie à ce qui a été énoncé. Exemples : *« Voici la question : être ou ne pas être »* mais *« Être ou ne pas être : voilà la question »*. De même, on emploie « cela dit » (et non « ceci dit ») pour nuancer des propos qui viennent d'être tenus. Sans accent grave, ***la*** est une note de musique, un article défini ou un pronom personnel, féminin de « le ».

« C'est là que » est préférable à « c'est là où » tournure populaire. On écrira donc « là où je vais » mais « c'est là que je vais ». Exception : dans l'expression « c'est là où/que le bât blesse* », les deux formes sont admises.

je suis
là
VOUS ÊTES ICI

LAMBDA

Quelconque, moyen, ordinaire, l'individu ***lambda***, et non « landa » comme on l'entend parfois, n'est pas du genre à se faire remarquer. Il se cache derrière des lunettes noires dont les verres et les branches forment un « B » et un « D ».

Onzième lettre de l'alphabet grec, ***lambda*** correspond au « L » de l'alphabet latin. En anatomie, c'est une partie de notre crâne. En zoologie, c'est un papillon de nuit. Mais c'est en tant que « personne sans distinction particulière » que *lambda* nous intéresse ici. Pourquoi cette lettre est-elle empreinte d'une telle banalité ? Sans doute parce qu'elle passe inaperçue au milieu de l'alphabet grec, alors que l'alpha et l'oméga tiennent la première et la dernière place. Dans la Bible, Dieu lui-même se sert de ces deux lettres pour se nommer. Si ce n'est pas une preuve suffisante de leur singularité !

Lambda n'a rien à voir avec la *lambada*, ou « coup de fouet », cette danse brésilienne que l'on pratique collé-serré, ni avec le *lamba*, vêtement traditionnel malgache.

un individu lambda
THE NEWS
SMILEY WINS

LANGAGE

Âgé de quelques mois, le bébé babille, c'est-à-dire qu'il répète plusieurs fois la même syllabe « ga-ga-ga » ; ce dernier « ga » s'immisçant dans le nom ***langage*** qui s'écrit sans « u » !

Il est tentant d'ajouter un « u » à ***langage*** et pour cause : ce nom s'écrivait *language* en ancien français, forme que les Anglais ont intégrée telle quelle à leur vocabulaire. Désormais, *language* n'est employé que dans les pays anglo-saxons. Certes, la voyelle de la discorde était déjà présente dans la racine latine *lingua*, sur laquelle s'est formé le nom « langue ». Mais si en français le « u » est nécessaire dans « langue » pour créer le son [gue], on n'a pas besoin de lui dans « langage » ; « g + a » donnant déjà [ga].

Littéralement, la pratique du ***langage*** est ce qui différencie l'adulte de l'enfant. Si l'on se fie à l'étymologie, l'enfant est celui « qui ne parle pas », du latin *infans*, où l'on reconnaît le préfixe négatif *in-* et le verbe *fari* (parler).

langage
ga
ga

LIBELLULE

Combien de « L » à ***libellule*** ? Quatre, soit le nombre de ses ailes ! Sur le dessin, ce sont les deux ailes gauches de la libellule qui remplacent le double « L », placé au centre du mot.

Le nom ***libellule*** a été attesté par deux célèbres naturalistes, d'abord par Linné en 1758, sous la forme scientifique *libellula*, puis par Cuvier en 1798 dans sa graphie actuelle. Au sens strict, la libellule a des ailes postérieures plus larges que les antérieures. C'est la *demoiselle* qui possède des ailes d'égale largeur. Mais les deux espèces sont communément appelées « libellule ». Le double « l » est hérité du latin *libella*, qui signifie « niveau », par allusion au vol plané horizontal de l'insecte. Ironie du sort, *libella* est lui-même issu du nom *libra* qui désigne un « objet servant à peser », alors que la libellule est un poids plume !

Dans la culture japonaise, les libellules symbolisent la force, le courage, la victoire. Par le passé, le Japon était surnommé « l'île aux libellules » (*Akitsu-shima*).

libellule

MAGASIN / MAGAZINE

L'étiquette « taille S » d'un vêtement est attachée au nom ***magasin***. Une page qui se tourne : voilà le « Z » de ***magazine***.

D'origine arabe, le nom ***magasin*** signifie « entrepôt ». Dans l'armée, c'était le local où étaient stockés les vivres et les munitions. Passé dans le commerce, il est devenu le lieu destiné à la vente de marchandises. Par la suite, les Britanniques se sont inspirés de notre *magasin* pour créer leur ***magazine***. C'est en effet le journaliste anglais Edward Cave qui donna au mot le sens de « publication périodique » en lançant *The Gentleman's magazine* en 1731. Pour ce faire, il se fonda sur une vieille acception du nom *magasin,* « ensemble d'informations », encore présente dans le dérivé « emmagasiner ».

Magasin ou boutique ? À l'origine, le ***magasin***, qui faisait de la vente en gros, se distinguait de la boutique où l'on achetait au détail. La nuance s'est estompée au XIXe siècle avec l'apparition des grands magasins parisiens.

TAILLE
magasin

MAGAZINE
le Mag

MARC

Marre des fautes d'orthographe ? Ne craignez pas de jeter un pavé dans la mare : c'est avec un « C » représentant l'anse d'une tasse, que s'écrit le ***marc*** de café.

Le ***marc*** est dérivé de « marcher », pris au sens de « fouler, piétiner, écraser ». Le mot désigne le résidu de fruit, d'herbe ou de toute autre substance qu'on a pressurisée ou infusée pour en retirer le suc. On parle ainsi de marc de raisin, d'olive, de pomme et bien sûr, de café. C'est au XVIIIe siècle que l'expression « marc de café » est apparue dans le vocabulaire des arts divinatoires. Aujourd'hui, lire l'avenir dans le marc de café ou « cafédomancie » est encore pratiqué par certains voyants. Ceux-ci interprètent les images qui se forment au fond de la tasse, une fois le résidu séché. Mais revenons à un domaine plus « terre à terre » : le marc de café est également utilisé en jardinage comme engrais ou répulsif.

Le « C » de ***marc*** est muet, ce qui le distingue du prénom Marc, bien que ce dernier se prononce [mar] dans « Saint-Marc », s'agissant de la place vénitienne et de la marque de lessive.

lire dans le marc de café

MAS / MÂT

Une rose des vents nous attire vers le sud, avec un « S » comme dans ***mas***, maison typiquement provençale. Nous pourrions nous y rendre en bateau, après avoir hissé les voiles sur un ***mât*** en forme de « T ».

Nom provençal et languedocien, ***mas*** se disait *mes* en ancien français. Il vient du latin *mansum* (maison), lui-même issu du verbe *manere* (demeurer) qui a donné « manoir » (*mansion* en anglais). Le mas désigne une ferme, une maison de campagne située dans le sud de la France. C'est au XIXe siècle, sous l'influence d'écrivains comme Alphonse Daudet, que le terme s'est popularisé. Support vertical des voiles d'un navire, le ***mât*** serait issu du latin *mastus* par l'intermédiaire du francisque *mast.* Comme c'est l'usage, le « s » s'est transformé en accent circonflexe sur la voyelle précédente.

Sans accent circonflexe, ***mat*** se rencontre dans l'expression « échec et mat » qui signifie « le roi est mort ». Il faudrait donc dire, pour être exact, « échec est mat » ou simplement « échec mat ». Le nom *échec* est formé sur le persan *schah* et « mat » sur l'arabe *mata* (tuer).

N
O
E
MAS

MA

MISE À JOUR / MISE AU JOUR

Pour faire une ***mise à jour*** *via* Internet, l'arobase s'est substituée à la préposition « à ». Pour faire une ***mise au jour***, la torche d'un archéologue découvre le « U » de la préposition « au ».

Une préposition d'écart – « à » ou « au » – et vous changez complètement le sens de vos propos ! ***Mettre au jour*** s'est formé sur le modèle de « voir le jour » avec le sens de « donner naissance » et par extension de « rendre publique une chose qui était dissimulée » (mettre au jour la tombe d'un pharaon). La différence avec la locution ***mettre à jour***, c'est que cette dernière s'applique à quelque chose qui existe déjà, que l'on met en règle (mettre ses comptes à jour), et plus récemment que l'on « rafraîchit » (une page web, un statut sur un réseau social). Ultime astuce : la *mise au jour* peut être remplacée par « découverte », et la *mise à jour* par « actualisation ».

C'est l'ingénieur américain Ray Tomlinson, inventeur de l'e-mail, qui en 1971 eut l'idée d'employer le symbole « @ » de l'arobase pour séparer le nom de l'utilisateur du nom du domaine de messagerie.

mise @ jour

MISE AU JOUR

MNÉMOTECHNIQUE

Le célèbre poisson Nemo, dont les rayures forment un « N », se faufile entre les lettres de « mémotechnique » pour corriger son orthographe en ***mnémotechnique***. On peut donc faire le clown… pour la bonne cause !

La ***mnémotechnie*** regroupe les techniques qui, par association d'idées, aident à la mémorisation. Ces astuces, parmi lesquels le fameux « mais où est donc or ni car ? » permettant de retenir les conjonctions de coordination, sont appelées « moyens mnémotechniques » ou seulement « mnémoniques ». Quant à la mnémographie, objet de ce livre, elle s'appuie sur l'image. Le « N », si souvent oublié, est hérité de la racine grecque *mnêmê* qui signifie « mémoire ». Et s'il n'est pas présent dans le nom « mémoire », c'est que ce dernier vient du latin *memoria*.

Dans le film d'animation des studios Pixar, Nemo sympathise avec un poisson amnésique nommé Dory. Or l'*amnésie*, « affaiblissement ou perte anormale de mémoire », dérive aussi de *mnêmê* !

un moyen MNEMOTECHNIQUE

MONOPOLE / PÔLE

Le nom ***pôle*** prend un accent circonflexe – représenté ici par l'aiguille d'une boussole – mais pas ***monopole***, sinon vous risquez la prison à vie, du moins au Monopoly !

Comme son nom latin (*polus*) l'indique, le ***pôle*** est un pivot sur lequel tourne une chose, puis chacun des deux points correspondant aux extrémités de l'axe de rotation de la Terre et enfin la région géographique située près d'un pôle. L'origine de ***monopole*** nous éclaire : on reconnaît le préfixe *mono-*, « seul », aux côtés de *pôlein*, verbe grec signifiant « vendre ». D'abord conjuration ou complot, le monopole a renoué avec son origine économique : « vendre seul ». Dès la Révolution, le monopole était la possession exclusive de quelque chose et, au figuré, le droit exclusif de faire quelque chose. Attention, avec un accent circonflexe « monopôle » est, en physique, un objet possédant un seul pôle : les monopôles magnétiques se distinguent des aimants.

Quels sont les adjectifs qui conviennent au ***pôle*** Nord ? *Arctique*, *septentrional* et *boréal*. Et pour le ***pôle*** Sud ? *Antarctique*, *méridional* ou *austral*.

MONOPOLE
ACCENT CIRCONFLEXE
EN PRISON

POLE NORD

MORD / MORT

Un piège à loup, aux mâchoires acérées, remplace le « D » de ***mord***, forme conjuguée du verbe *mordre*. Une croix mortuaire, dont la branche inférieure est plus longue que les autres, symbolise le « T » final du nom ***mort***.

Avec un « d », ***mord*** est le verbe *mordre* conjugué au présent de l'indicatif, à la troisième personne du singulier. La terminaison était déjà présente dans le verbe latin *mordere*, « entamer avec les dents », qui a produit l'italien *mordere* et l'espagnol *morder*. Très tôt, *mordre* s'est employé au figuré dans des expressions comme « se mordre la langue » (regretter d'avoir parlé), « mordre la poussière » (être tué dans un combat), « mordre à l'hameçon » (se laisser prendre). Le « t » de ***mort***, quant à lui, trouve sa justification dans le latin *mortem*, « cessation de la vie ».

Le signe typographique en forme de croix (†) se nomme « obèle ». Placé devant le nom d'une personne ou d'une date, il signale un décès. Sur « obèle » est formé le nom du célèbre guerrier gaulois *Obélix*.

Ça MORD ?

C'est morT !

MÛR

Une banane dont on a ôté la peau tachetée forme le « U » et surtout l'accent circonflexe de l'adjectif ***mûr***.

Mûr est issu du latin *maturus*, « qui se produit au bon moment ». La racine latine est bien visible dans le français « mature » (qui a donné « maturité »). En fait, *mûr* et mature sont les deux faces d'une même médaille étymologique. On dit que ce sont des doublets lexicaux : des mots différents par la forme et par le sens mais de même origine. On notera que les rectifications orthographiques de 1990 ne proposent pas de supprimer l'accent circonflexe de *mûr* au masculin singulier et pour cause, on risquerait de le confondre avec son homophone ***mur***, du latin *murus*, qui désignait initialement l'enceinte d'une ville.

Voici d'autres doublets lexicaux : chevalier et cavalier (du latin *caballarius*), chétif et captif (*captivus*), écouter et ausculter (*auscultare*), frêle et fragile (*fragilis*), hôtel et hôpital (*hospitalis*), poison et potion (*potio*)…

un fruit
mûr

MYSTIFIER / MYTHIFIER

« *Aie confiance, crois en moi »,* chante un célèbre serpent : son corps ondulé sert à former le « S » du verbe ***mystifier***. Quant au « H » de ***mythifier***, il est remplacé par les colonnes d'Hercule, monument que l'on peut admirer à Ceuta, en Espagne.

Mystifier et *mythifier* ont beau se ressembler, ils n'ont ni la même origine ni le même sens. ***Mystifier*** vient du grec *mustês*, « initié aux mystères », et a donné « mystique ». Mystifier quelqu'un, c'est s'amuser à ses dépens, en abusant de sa crédulité. La tromperie peut aussi être collective (mystifier les foules par la propagande). ***Mythifier***, c'est transformer en mythe*, rendre « mythique ». L'histoire de France, par exemple, a mythifié des personnages comme Louis XIV, Napoléon Bonaparte ou Charles de Gaulle.

Fort heureusement, le processus inverse existe : « démystifier » revient à détromper (démystifier un peuple) et « démythifier » à enlever à quelqu'un ou quelque chose son caractère de mythe (démythifier une actrice).

aie confiance...
MYSTIFIER

MYTHIFIER

MYTHE / MITE

Le trident de Poséidon, dieu grec des mers et des océans, remplace le « Y » du nom ***mythe***, tandis que, sur un tee-shirt, le trou causé par une ***mite*** met le point sur le « I ».

Généralement, le « i grec » (y) était un « u » en grec ancien. Ainsi, le nom ***mythe*** vient du grec *muthos*, après un passage par le latin *mythos*. D'abord « suite de paroles », le mythe est rapidement devenu un récit fabuleux. Dans notre imaginaire, il évoque souvent la Grèce antique et ses héros mythologiques. ***Mite***, en revanche, ne vient ni du grec ni du latin mais de l'ancien néerlandais *mite*. Il est formé sur la racine germanique *mit-*, « couper en morceaux », car la mite est un insecte qui ronge les vêtements et attaque les aliments.

Voici quelques héros de la mythologie grecque : Dédale qui a conçu le labyrinthe abritant le Minotaure ; Œdipe qui tue son père et épouse sa mère ; Narcisse, amoureux de sa propre image, et Prométhée qui apporte le feu aux hommes.

MΨTHΣ
MITE

NATIONAL

Pour aller de Paris à Strasbourg (en passant par Nancy), il suffit d'emprunter la route « N4 » avec un seul « N » comme dans ***national***.

L'adjectif ***national*** qualifie ce qui relève de la *nation*, du latin *natio* (naissance). Il s'oppose à « international » (territoire national, fête nationale…) mais aussi à « local » (assemblée nationale, concours national…). En France, par exemple, les routes nationales traversent de larges portions du territoire, contrairement aux routes départementales ou communales. D'un point de vue orthographique, *national* fait partie des exceptions, au même titre que *cantonal*, *méridional*, *régional*, *patronal*, *rationalisme*, *septentrional*, *traditionaliste*… En effet, la plupart des adjectifs ou noms formés sur « onnal » prennent deux « n » : *confessionnal*, *constitutionnalité*, *fonctionnalité*, *personnalité*, *professionnalisme*, *institutionnaliser*…

Le saviez-vous ? Le point zéro des routes de France, c'est-à-dire le point kilométrique 0 des routes quittant la capitale, est situé devant la cathédrale Notre-Dame à Paris (voir *Hugo**).

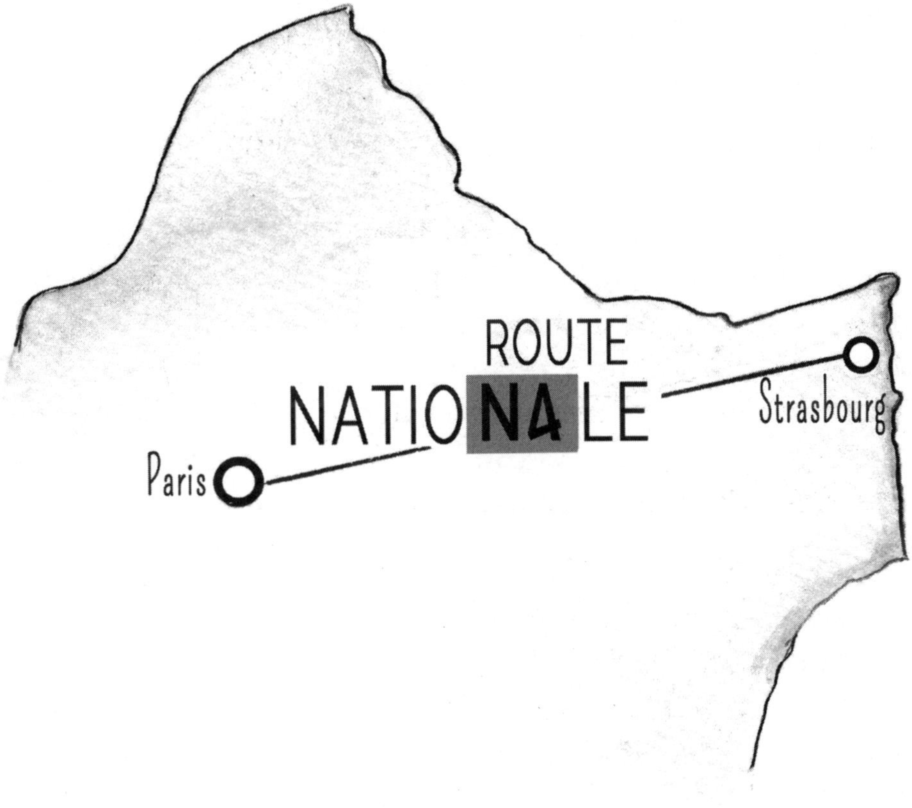
ROUTE
NATIONALE
N4
Paris
Strasbourg

OASIS

Le nom ***oasis*** étant de genre féminin, on dit « une oasis ». Pour s'en souvenir, on visualise à la place du « A » un pictogramme représentant la femme.

Oasis vient du grec, lui-même issu de l'égyptien. À l'origine, c'était un nom propre qui s'appliquait à divers lieux du désert d'Égypte. Désormais, il désigne un endroit du désert doté d'un point d'eau et présentant de la végétation. Au figuré, une oasis est un endroit de quiétude, un moment de bonheur telle *« l'oasis de repos tant espérée depuis longtemps »* évoquée par Baudelaire dans ses *Curiosités esthétiques* (1868). Plus prosaïquement, les publicités promettent souvent une « oasis de fraîcheur » pour vendre des boissons ou des gels douche.

Oasis n'est pas le seul mot de la langue française à commencer par *oa-*. Dans la langue littéraire, une *oaristys* est une conversation tendre, un entretien amoureux. *« Ah ! les oaristys ! les premières maîtresses ! »* regrette Paul Verlaine.

une OASIS

OBNUBILÉ

Pourquoi écrire « omnibulé », alors que c'est la syllabe « nu » qui entre dans la composition d'***obnubilé*** ? Pour ne pas l'oublier, on imagine deux « B » fiévreux et affolés à la vue d'un « nu ».

Pris au pied de la lettre, le verbe ***obnubiler*** veut dire « couvrir de nuages ». En effet, on reconnaît dans la racine latine *obnubilare* le préfixe *ob-* (devant) et le nom *nubes* (nuage). Il n'est donc pas composé du préfixe *omni-* (tout), que l'on retrouve dans *omnibus*, sans doute à l'origine du barbarisme « omnibulé ». Par le passé, le mot a signifié « perdre connaissance » puis au figuré « obscurcir les facultés de l'esprit ». Aujourd'hui, être *obnubilé*, c'est être hypnotisé, obsédé par quelque chose ou par quelqu'un.

Le préfixe *ob-* est présent dans d'autres mots de la langue française comme *objet*, littéralement « jeter devant », *obéir*, *obèse*, *obliger* ou encore *oblong*. En revanche, il est absent du nom obélisque* !

OBNUBILÉ

OCCULTE

Taisez ce secret que je ne saurais voir ! Deux paupières closes dessinent les deux « C » du nom ***occulte***.

Les deux « c » d'***occulte*** étaient déjà présents dans la racine latine *occultus* (caché), formée à partir du préfixe *ob-*, devenu *oc-* devant le « c » du verbe *celare*, qui a donné « céler ». Ainsi, les « sciences occultes » désignent les doctrines et pratiques secrètes (alchimie, magie…) faisant intervenir des forces qui ne sont reconnues ni par la science ni par la religion. À ne pas confondre avec ***oculaire***, dérivé de *oculus* (œil). Par conséquent, le témoin oculaire (qui voit) se distingue du témoin auriculaire (qui entend). Voilà pourquoi le petit doigt de la main se nomme « auriculaire » : il est le seul à pouvoir se glisser dans notre oreille !

La plupart des mots commençant par *oc-* prennent deux « c » : *occasion*, *occident*, *occuper*, *occurrence* (qui prend aussi deux « r » !), etc. Seules exceptions : *oculaire* et les mots de la même famille.

OCCULTE

OXYMORE

Un ou une ***oxymore*** ? Il serait dommage d'en donner un bel exemple et de se tromper sur son genre ! ***Oxymore*** est masculin, et pour s'en souvenir, on visualise à la place de la syllabe « xy » les chromosomes mâles XY.

Oxymore s'est d'abord écrit « oxymoron », conformément à sa racine grecque *oxumôron*. Cette figure de style, très prisée dans la littérature et dans la publicité, repose sur une alliance de mots contradictoires qui vise à produire un effet de surprise. Le nom *oxymore* est en soi un oxymore car, au sens figuré, *oxu* désigne ce qui est fin, spirituel ; et *môros*, ce qui est sot, stupide.

Quelques ***oxymores*** célèbres : « cette obscure clarté » (P. Corneille, *Le Cid,* 1637), « la force tranquille » (slogan de campagne de F. Mitterrand, 1981), « la douce violence » (signature publicitaire d'un parfum, 1982). Quant à « guerre propre », « porno chic » et « croissance zéro », ils semblent tout droit sortis de la novlangue de George Orwell !

(un) OXYMORE

PALLIER

Deux « L » en forme d'échasses, il faut bien cela pour ***pallier*** un problème de taille ! L'unique « L » du nom ***palier*** est représenté par une porte vue de profil.

Le *pallium* était un manteau dont les Grecs avaient l'habitude de se couvrir. On peut désormais l'admirer sur le Pape. Vous ne voyez pas le rapport avec le verbe ***pallier*** ? Il est pourtant très étroit. Au sens propre, *pallier* consiste à couvrir d'un manteau (*pallium*) pour cacher, par exemple, ses défauts ! Mais en aucun cas il ne s'agit d'un remède véritable. Pour preuve, en médecine, « pallier un mal », c'est le guérir en apparence (d'où « soins palliatifs »). Autre origine étonnante : c'est la « poêle » qui est à l'origine du ***palier***, plate-forme située à chaque étage d'un escalier. C'est sans doute la « forme plate » de l'ustensile de cuisine qui explique cette étymologie.

Ne vous fiez pas aux verbes « parer à » ou « remédier à », le verbe ***pallier*** est transitif : il n'a pas besoin de préposition « à » !

palier
un problème de taille

palier

PARALLÈLE

« Les skis bien parallèles ! » répètent inlassablement les moniteurs à leurs élèves. Cette consigne n'a pas fait de vous un(e) pro de la poudreuse ? Qu'importe ! Grâce à elle, vous saurez enfin quelle consonne doubler dans le mot ***parallèle***.

Ici, pas de piège : l'orthographe de ***parallèle*** est directement tirée de ses racines grecque (*parallêlos*) et latine (*parallelus*). Dès le XVIe siècle, l'adjectif s'emploie en géométrie pour qualifier des droites qui ne se rencontrent pas. Par extension, il s'applique à ce qui se développe dans la même direction (vies parallèles), parfois secrètement (polices parallèles). En tant que nom, *parallèle* se rencontre tantôt au féminin (la ligne droite parallèle), tantôt au masculin (le cercle imaginaire parallèle à l'équateur). Bien sûr, l'orthographe de *parallèle* se retrouve dans ses dérivés : *parallèlement*, *parallélisme*, *parallélogramme*, *parallélépipède*, etc.

« Allez, on suit Madame, les skis bien parallèles, un dernier petit virage, et on va s'arrêter gentiment sur la crête ! Madame ? Madame Schmitt ? » (réplique extraite des *Bronzés font du ski* de Patrice Leconte, 1979).

les skis bien parallèles

PARMI / HORMIS

Instant bucolique : un pissenlit dont les aigrettes blanchâtres volent au vent forme le « I » final de ***parmi***. À l'inverse, c'est par le « S » de « sauf » que se termine ***hormis***.

Parmi et *hormis* : deux prépositions qui ne finissent pas de la même façon ! Dans ***parmi***, « mi » est l'abréviation de « milieu ». Il n'y a donc aucune raison d'ajouter un « s » ! Mot pour mot, *parmi* signifie « par le milieu », donc « au milieu ». C'est le cas de notre pissenlit : un parmi tant d'autres. Dans ***hormis***, on reconnaît « hors » et « mis » (participe passé de « mettre »). D'ailleurs *hormis* s'est d'abord écrit « hors mis », sous-entendu « étant mis hors ».

Jadis, pour dire ***hormis***, on employait *fors*. *« Tout est perdu fors l'honneur »,* aurait écrit François Ier après la défaite de Pavie. Si la formule est passée à la postérité, le roi de France s'est en réalité exprimé en ces termes : *« ... de toute chose ne m'est demeuré que l'honneur et la vie qui m'est sauve. »*

HORMIS

SAUF

PAROXYSME

Le « Y » de ***paroxysme***, point le plus haut, n'est autre que l'ombre de la tour Eiffel, symbole de la Ville lumière culminant à 324 mètres.

À l'origine, le ***paroxysme*** était un terme médical désignant la phase d'une maladie dans laquelle les symptômes se manifestent avec le plus d'intensité. Comme de nombreux mots de la langue française, *paroxysme* a changé d'orthographe au fil du temps. D'abord *peroxime*, *paroxime*, *parocisme*, paroxysme s'est doté d'un « Y » découlant de sa racine grecque *paroxusmos*, « irritation ». On le rencontre dans le vocabulaire affectif (paroxysme d'une passion) et chez les vulcanologues. Au sens figuré, il est utilisé au sens de « degré extrême » (être au paroxysme de son art).

La faute « paroxisme » se rencontre notamment dans des articles publiés sur Internet : « paroxisme meurtrier » (*leparisien.fr,* janvier 2015), « un tel paroxisme », (*francetvinfo.fr*, janvier 2015) et « le suspense est à son paroxisme » (*ladepeche.fr*, novembre 2014).

PAROXYSME

PAUSE / POSE

Deux rectangles verticaux, tel un « U » subliminal, symbolisent la ***pause***. Dans l'objectif de l'appareil photo se profile le « O » de ***pose***. Ces images en tête, vous saurez une bonne fois pour toutes sur quel bouton appuyer !

Le nom ***pause*** découle du latin *pausa* et désigne l'interruption momentanée d'une action. Le nom ***pose*** vient du verbe latin *poser* qui signifie « s'arrêter » et par extension, « mettre en place » (poser une étagère). De là on obtient le sens de « prendre la pose ». On remarquera que *pose* prend un « O » comme « posture » et « position », deux noms qui lui sont liés. Veillons à ne pas confondre le « temps de pause » avec le « temps de pose » : pendant le temps de pose d'une couleur, la coiffeuse négocie son temps de pause avec sa supérieure.

Depuis 2013, une affiche publicitaire pour une marque de friandises au chocolat titre « Pausez-vous en douceur ». Si le calembour basé sur l'homophonie avec « posez » est bien trouvé, le verbe « pauser » n'existe qu'en musique pour désigner un silence.

faire une
pause

prendre la
pose

PÊCHE

Tranquillement installé au bord de l'eau, le pêcheur lance sa canne par-dessus le nom ***pêche***. L'angle créé par la tige et la ligne coiffe le « E » d'un accent circonflexe.

Autrefois, ***pêche*** s'écrivait *pesche*, du latin *piscis*, qui signifie « poisson ». On retrouve cette racine latine dans les noms *piscine* (bien que s'y baignent des êtres humains !), *piscivore* (qui se nourrit de poissons), *pisciculture* (élevage de poissons), etc. Par la suite, la consonne « s » a disparu au profit d'un accent circonflexe sur le « e ». À noter que la pêche, action de pêcher, s'écrit de la même manière que la pêche, le fruit à noyau juteux et sucré produit par le pêcher (et non le pêcheur !). Ironie du sort : au sens figuré, la pêche désigne tout à la fois la violence d'un coup de poing et la douceur d'un teint de pêche…

Sans accent circonflexe, *pécher* consiste à transgresser la loi divine. Pour rappel, les sept péchés capitaux sont l'orgueil, l'avarice, l'envie, la colère, la luxure, la gourmandise et la paresse.

Pêche

PÈLERIN

Le ***pèlerin*** plante son bâton de marche devant lui, traçant son chemin et l'accent grave (et non aigu !) sur le premier « E » de son nom.

Au cours de leur histoire, certains mots ont changé de consonne interne ; par exemple, leur « r » est devenu un « l » ou vice versa. Ce procédé se nomme « dissimilation ». Ainsi, le nom ***pèlerin*** vient du latin *pelegrinus*, dissimilation de *peregrinus* (étranger) qui a donné « pérégrination ». À l'origine, donc, le pèlerin vient de l'étranger ou voyage à l'étranger. Rien à voir avec le verbe *peler* qui vient de *pilus* (poil) et qui prend un accent circonflexe à certaines formes conjuguées (je pèle, nous pèlerons...). Le terme s'est ensuite spécialisé en religion à propos d'un croyant qui se rend dans un lieu saint, à Saint-Jacques-de-Compostelle, par exemple !

Pèlerin qualifie deux espèces d'animaux : le requin pèlerin – les replis de ses membranes rappelant le col du manteau des pèlerins (la pèlerine) – et le faucon pèlerin, considéré, depuis sa découverte, comme un oiseau de passage.

un pèlerin

PELOTON

Peloton fait partie de ces mots que l'on « mange » pour aller plus vite. Laissons ce privilège aux cyclistes !

Le nom ***peloton*** n'est autre que le diminutif de *pelote*, « boule formée avec du fil enroulé » et, par extension, « petit groupe de personnes ». Dans le domaine militaire, il désigne une unité de petite taille (un peloton de gendarmes) ; dans le domaine sportif, l'ensemble des concurrents regroupés et particulièrement les cyclistes qui courent en tête. Le mot est victime d'une « syncope ». Pas le malaise, non, le fait d'être réduit de l'intérieur. Ainsi, *peloton* est souvent prononcé [p'loton] ou encore [p'leuton], ce qui fait qu'on ne sait plus vraiment comment il s'écrit.

Autres exemples de syncopes : *jeton* devient « ch'ton » dans « avoir les jetons » et *chelem*, « ch'lem » dans le « grand chelem ». Les noms de famille ne sont pas en reste : celui de François Mitterrand était souvent raccourci en « Mitrand » !

PELOTON
de tête

PENSER / PANSER

Quelle idée lumineuse ! Dans le filament entortillé d'une ampoule se profile le premier « E » du verbe ***penser***. Mais veillons à ne pas trop s'en approcher, au risque de devoir ***panser*** notre doigt avec un pansement en forme de « A » !

Penser et *panser*, ces deux homophones ont une histoire commune. En effet, ***panser*** vient de « penser » et s'est écrit avec un « e » jusqu'au XVIIIe siècle ! Le glissement de sens s'est opéré par l'intermédiaire d'anciennes expressions comme « penser de » qui signifiait « prendre soin de, soigner ». On a donc « pensé de la plaie » avant de « panser une plaie » ! ***Penser*** vient du latin *pensare*, passé tel quel en italien et sous la forme *pensar* en espagnol. À l'origine, il était le doublet lexical de « peser ». Du sens d'« évaluer, apprécier », on est passé à celui de « réfléchir, méditer ». Ne dit-on pas encore que l'on *pèse* le pour et le contre ?

Le journal *Libération* du 6 septembre 2012 s'est amusé de l'homophonie entre les deux verbes, ressuscitant l'ancien sens de ***penser*** en titrant *« Le gouvernement pense les plaies marseillaises »*.

penser
PANSER

PERSONNEL

Les deux « N » de l'adjectif ***personnel*** se font face pour dessiner la couronne d'un roi dont le pouvoir est absolu, sans partage.

En France, Louis XIV a connu un règne *personnel* : entre 1661 et 1715, les contrepoids au pouvoir étaient étroitement contrôlés, voire réduits au silence. Une fois n'est pas coutume, les deux « n » de ***personnel*** n'étaient pas présents dans la racine latine *persona*, qui signifie « masque de théâtre ». C'est au XIIIe siècle que *persone* est devenu *personne*. Selon l'Académie française, le « n » a été doublé par analogie avec des formes comme « bonne » et pour maintenir le degré d'ouverture du « o ». Outre *personnel*, les deux « n » sont de mise dans tous les dérivés : *personnalité*, *personnage*, *personnaliser*, *personnifier*, *personnellement*…

Comme *hôte**, *personne* est un énantiosème qui indique à la fois la présence et l'absence. Le western spaghetti *Mon nom est Personne* (1973), où *Personne* est le nom du personnage joué par Terence Hill, s'amuse de cette ambivalence.

pouvoir PERSONNEL

PLAIDOYER / PLAIDOIRIE

Retourné, le symbole de la paix est un « Y » parfait, présent dans le nom ***plaidoyer***. Impossible de le confondre avec la ***plaidoirie***, où le « I » est la bavette de l'avocat.

Encore deux noms qui jadis n'en formaient qu'un ! *Plaidoyer* et *plaidoirie* sont tous deux dérivés du vieux verbe *plaidoyer*, depuis remplacé par « plaider ». Par le passé, ***plaidoyer*** consistait à défendre une cause en justice. De nos jours, seule la ***plaidoirie,*** exposé oral fait par un avocat devant les juges, a conservé l'héritage juridique. Le plaidoyer est devenu l'argumentation en faveur d'une personne ou d'une idée (plaidoyer pour la paix). Il existe aussi des plaidoyers « contre », comme le *Plaidoyer contre la peine de mort* de Victor Hugo (1848).

Créé en 1958 par l'Anglais Gerald Holtom, le symbole de la paix « ☮ » était à l'origine l'emblème du désarmement nucléaire. En effet, dans l'alphabet sémaphore, les deux branches qui pointent à gauche et à droite signifient « N » et la barre centrale « D », ce qui donne *nuclear disarmament*.

PLAIDOYER

pour la paix

PLAIN-PIED

Une maison sans étage et au toit pointu a pris la place du « A » de l'adjectif *plain* qui entre dans la locution ***de plain-pied*** signifiant « au même niveau ».

Issu du latin *planus* (plat, uni), l'adjectif *plain* (qui fait *plaine* au féminin) n'est plus guère utilisé seul. Il a survécu dans les expressions « plain-chant », pour désigner un chant à une seule voix, et ***plain-pied***, à propos d'un logement construit au niveau du sol extérieur ou dont les pièces sont situées au même niveau. Au figuré, entrer « de plain-pied » dans le vif du sujet signifie « directement, sans transition ». À ne pas confondre avec l'adjectif ***plein***, du latin *plenus* (complet, entier, abondant), qui compose les locutions « de plein fouet » (de face, directement et violemment) et « terre-plein » (plate-forme).

On distingue l'adjectif ***plein*** signifiant « rempli » et l'adverbe *plein* (invariable) que l'on peut remplacer par « beaucoup de ». Inutile d'ajouter un « s » à *plein* dans la phrase « Je t'envoie plein de baisers », aussi nombreux soient-ils !

une maison de PLAIN-PIED

POIDS

Encore dans le ventre de sa mère pour quelques mois, l'enfant à naître pèse déjà son petit ***poids*** ! C'est pourquoi le « S » final de ce nom dessine la silhouette d'une femme enceinte.

Le français comporte de nombreux mots qui ont été « relatinisés » entre le XVIe et le XVIIe siècle, c'est-à-dire qu'on leur a ajouté une ou plusieurs lettres venant de leur racine latine. Avec ***poids***, nous sommes en présence d'une relatinisation ratée ! Certains ont cru que *poids* était issu du latin *pondus* et ont ajouté un « D » au nom qui s'écrivait alors *pois*. Mais il n'en est rien : *poids* vient du latin *pensus*. Par conséquent, *poids* devrait s'écrire ***pois***, conformément à son étymologie réelle et à son dérivé *peser*. Quant à *poids*, qui désigne « ce qui pèse », on le trouve dans des associations qui frisent l'oxymore* (poids plume, poids mort) ou le pléonasme (poids lourd, à propos d'un camion).

Le problème, si ***poids*** redevenait « pois », c'est qu'on le confondrait avec le légume de forme ronde qui peut être petit, chiche, gourmand ou cassé !

poids

POING

N'avez-vous jamais remarqué qu'une main fermée avait la forme d'un « G » ? Une image « coup de poing » pour faire la guerre à l'homophone ***point***.

Encore un mot dont la lettre muette finale se justifie par sa racine latine. En effet, ***poing*** tire son « G » du nom latin *pugnus*, « main fermée », qui a donné « pugnacité ». Le mot est à la fois le symbole de la violence (taper du poing), de la résistance (poing levé), de la dépendance (pieds et poings liés) ou encore de l'innocence (dormir à poings fermés). *Poing* a comme homophone ***point***, qui doit également son « T » au latin *punctum*, « piqûre ». On distinguera donc les expressions *au poing* (à la main) et *au point* (prêt).

L'homophonieentre***poing***et***point***prêteparticulièrement aux calembours. *Tyson : mise au poing* titrait le journal *Libération* le 28 juin 1991. Plus récemment, le philosophe Peter Szendy a publié un traité de ponctuation intitulé *À coups de points* (2013).

JE LÈVE MON POIN

POULS

On peut aller chez le médecin pour massacrer ses poux ou pour mesurer son ***pouls***. Dans le second cas, on n'oublie pas d'écrire (sans la prononcer) la lettre finale : un « S » comme dans… stéthoscope !

Pouls fait partie de ces nombreux mots dont la forme a varié au fil du temps. D'abord écrit *pous*, *pouls* a gagné un « L » au XVIe siècle, en référence à sa racine latine *pulsus*. Le terme, employé en médecine, désigne le battement des artères et par extension l'endroit où l'on « tâte le pouls ». Au figuré, « prendre le pouls » revient à évaluer une situation. En France, depuis 1938, des sondages et des baromètres prennent régulièrement le pouls de l'opinion.

Les lettres « L » et « S » de ***pouls*** ne se prononcent pas. Des lettres muettes apparaissent dans d'autres noms ayant été « relatinisés » dès le XVIe siècle comme *puis*, *tens* et *cors*, devenus « puits* », « temps » et « corps » conformément au latin *puteus, tempus* et *corpus*.

Laissez-moi prendre votre POULS

PRÉMICES / PRÉMISSES

Une grille de mots croisés dans laquelle ***prémices*** croise le « C » de « commencement ». Joueur, le « S » de « syllogisme » s'immisce dans ***prémisses***.

Employés uniquement au pluriel, ces deux homophones n'ont pas la même origine. Le nom ***prémisses***, du latin *praemissa,* désigne les propositions d'un syllogisme. Défini par le philosophe grec Aristote, le syllogisme est un raisonnement logique qui comprend deux propositions, appelées majeure et mineure, et une conclusion. ***Prémices***, du latin *primus*, « premier », s'est d'abord employé à propos des premiers fruits de la terre et des premiers-nés d'un troupeau destinés aux offrandes religieuses, avant de prendre le sens figuré de « commencement ».

Le syllogisme le plus connu est : *Tous les hommes sont mortels* (majeure), *or Socrate est un homme* (mineure), *donc Socrate est mortel* (conclusion).

■		■	P	R	E	M	I	S	S	E	S
								■	Y		
					■				L		
P	R	E	M	I	C	E	S	■	L		
				■	O				O		
	■				M				G		
					M				I		
					E	■			S		
		■			N				M		
			■		C				E		
					E				■		
					M		■				
■					E			■			
				■	N						
					T						

PRESCRIRE / PROSCRIRE

Le docteur ***prescrit*** – avec un « E » encapsulé dans une gélule – un médicament à son patient. La loi ***proscrit*** – le « O » étant un panneau de sens interdit – certains comportements.

Prescrire, *proscrire*, pas de doute, ces deux paronymes ont le verbe écrire en commun (*scribere* en latin) ! Littéralement, ***prescrire***, c'est « écrire en tête », et donc « mettre en avant ». On le rencontre d'abord en droit, où il signifie « libérer quelqu'un d'une obligation » (d'où « prescription »), puis en médecine pour « indiquer un traitement ». *Prescrire* est donc assez prévenant, là où ***proscrire*** est plutôt inquiétant. En effet, dans l'histoire romaine, *proscrire* consistait à condamner à mort sans forme judiciaire, en affichant publiquement les noms des condamnés. Par la suite, *proscrire* a pris le sens de « chasser, éloigner quelqu'un » et enfin de « rejeter, abolir un usage » (proscrire la liberté, l'ennui). Il est aujourd'hui synonyme du verbe interdire.

Ironie du sort, ce sont les médecins, qui ne savent pas toujours écrire lisiblement, qui passent le plus de temps à ***prescrire*** !

proscrire
un traitement

proscrire
un comportement

PRÊT / PRÈS

Preuve qu'on est ***prêt*** : une cravate impeccablement nouée sur un col de chemise aux bords évasés suggère un « T ». Preuve qu'on est ***près*** : un « 5 » semblable à un « S » indique le nombre de kilomètres avant l'arrivée.

Prêt vient du latin *praestus*, et s'est d'abord écrit *prest*, avant que le « S » ne disparaisse au profit d'un accent circonflexe sur la voyelle précédente. Il signifie « disposé à ». Issu du latin *presse*, « comprimé, serré », ***près*** signifie « dans le voisinage de ». L'idée de proximité se retrouve au sens propre comme au figuré (être près de ses sous).

Par le passé, ***prêt*** se construisait parfois avec la préposition « de ». « Qu'il vienne me parler, je suis prêt de l'entendre », écrivait Racine, car il sous-entendait : je suis prêt à l'acte de l'entendre. Désormais, chacun se construit avec sa propre préposition : « prêt à », « près de », c'est aussi simple que ça !

PRÊT
À PARTIR

KM
PRÈS
D'ARRIVER

PRODIGUE

Quel objet pour représenter le « U » de ***prodigue*** ? Un panier percé, pardi ! À présent, vous pouvez régler vos comptes* avec les paronymes *prodigue* et *prodige*.

Prodigue vient du latin *prodigus*, « gaspilleur » et ***prodige*** de *prodigium*, « miracle ». Vous en conviendrez, ce n'est pas tout à fait la même chose ! Là où le risque de confusion apparaît, c'est qu'il est à la fois question d'enfant *prodigue* et d'enfant *prodige* ! Le premier est un fils de bonne famille qui, après des absences et de l'inconduite, regagne la maison paternelle. L'expression tire son origine d'une parabole de l'Évangile. Le second est un enfant précoce ou surdoué.

Quelques enfants ***prodiges*** célèbres : Blaise Pascal, Ludwig van Beethoven, Wolfgang Amadeus Mozart et Michael Jackson. Sans oublier le mathématicien allemand Carl Friedrich Gauss qui aurait appris à lire et à compter à l'âge de trois ans !

Le retour de l'enfant prodigue

PUITS

La manivelle servant à remonter un seau rempli d'eau a cédé la place au « S » de ***puits***, qui s'impose au pluriel comme au singulier !

Puits s'est d'abord écrit *puis*. C'est au XVIe siècle qu'on lui ajouta un « T » en référence à sa racine latine *puteus*, « trou, fosse ». Pourquoi ? Pour éviter l'homographie (même écriture) avec l'adverbe de temps ***puis***. Le sens étymologique du mot ayant été laissé à « gouffre », *puits* s'est spécialisé. Il est devenu le trou très profond que l'on creuse dans le sol pour en tirer de l'eau ou pour exploiter un gisement (puits de mine, puits de pétrole). De là vient le sens figuré de « grande ressource ». Par exemple, un « puits de science » est une personne très savante et un « puits d'or » une personne très riche.

La liste des puits serait incomplète sans l'intemporel ***puits*** de purée que nous avons tous creusé à la fourchette pour y faire couler le jus de notre steak haché.

PUITS

PYLÔNE

Un pilier métallique, qui soutient une ligne électrique, remplace le « Y » du nom ***pylône*** tandis qu'un oiseau a quitté son perchoir pour mimer un parfait accent circonflexe.

Dans la majorité des cas, les mots français commençant par *py-* (« p » + « i grec ») proviennent du grec ancien et s'écrivaient avec un « u » (upsilon). C'est le cas de « pygmée », « pyramide », « Pythagore »... mais pas de « pyjama », nom d'origine persane ! Ainsi, ***pylône*** est emprunté au grec *pulôn* qui vient de *pulê* (porte). Il a d'abord désigné, dans l'Antiquité, le monument encadrant le portail d'un temple égyptien puis le pilier décoratif placé de part et d'autre de l'entrée d'un pont ou d'une avenue et, de manière plus prosaïque, la structure métallique ou en béton armé servant de support à des câbles et des antennes.

Moins connu que le ***pylône***, le *pylore*, terme d'anatomie, a pourtant la même origine : le grec *pulê* (porte), auquel s'ajoute *orâ* (garde). Le pylore est donc le « gardien de la porte » qui, dans l'estomac, communique avec l'intestin grêle !

PYLÔNE

PYTHON / PITON

En apparence, ils ont tous deux du piquant, le ***python*** et son « Y » traduit en langue de serpent, et le ***piton***, dont le « I » se plante dans une paroi.

Dans la mythologie grecque, ***Python*** est un serpent monstrueux, fils de Gaïa (la Terre) qu'Apollon tua de ses flèches pour se rendre maître de l'oracle de Delphes. Il a donné son nom au grand serpent d'Afrique et d'Asie qui s'enroule autour de sa proie pour l'étouffer. Le ***piton*** n'est pas né d'une légende mais du provençal *pitar*, « picorer, picoter ». C'est une sorte de clou dont la tête est percée d'un anneau pour retenir des crochets. Utilisé en escalade et en alpinisme, le piton sert d'appui sur la roche ou la glace. En géographie, et notamment aux Antilles, il désigne les pointes les plus élevées d'une montagne (Gros Piton et Petit Piton, à Sainte-Lucie).

C'est pour calmer la colère de Gaïa qu'Apollon créa les Jeux *pythiques*, les plus importants de la Grèce antique après les Jeux olympiques !

python
PITON

QUANT / QUAND

Bien décidé à parler de lui, un individu aux bras grands ouverts incarne le « T » de ***quant***. Hommage à la chanson de Barbara, la frêle embarcation du marin, aux allures de coquille de noix, forme le « D » de ***quand***.

Quand est à la fois une conjonction que l'on peut remplacer par « lorsque » et un adverbe interrogatif qui signifie « à quel moment ? ». Comme souvent en français, l'orthographe de ce mot a connu des variations. Il s'est d'abord écrit *quant* avant de devenir *quand* au XIVe siècle. Pourquoi ? Pour se rapprocher de sa racine latine *quando* (également *quando* en italien et *cuando* en espagnol) et pour se distinguer de ***quant*** (à), issu de l'expression latine *quantum ad* (pour, en ce qui concerne). Jadis, on employait l'adverbe *quant* au sens de « combien », avant que ce dernier ne le remplace.

Quantum of Solace, titre du 22e film de la série James Bond, est composé du latin *quantum*, « quantité déterminée ». Quant à *Solace*, c'est un mot anglais qui désigne la consolation, le soulagement. Autrement dit, dans cet épisode, l'agent 007 cherche sa dose de réconfort !

à moi
QUANT

QUAND
reviendras-tu?

QUIZ / BUZZ

Un point d'interrogation étant suffisant pour poser une question, il ne faut qu'un « Z » à ***quiz***. En revanche, le ***buzz***, pour faire assez de bruit, a besoin de deux « Z ».

Deux anglicismes qui ont chacun leur(s) « Z » : le ***quiz*** – prononcez [couiz] – est l'abréviation de l'américain *quizgame*, de *quiz*, « interroger », et de *game*, « jeu ». Il s'applique à un jeu de questions-réponses. Également emprunté à l'anglais, le ***buzz*** – prononcez [beuz] – fait penser au bourdonnement d'un insecte volant. Par extension, il désigne une rumeur créée pour faire parler de quelque chose ou de quelqu'un. D'abord technique de marketing, le buzz est devenu un passage obligé pour quiconque cherche à accéder à la célébrité.

La chorégraphie délurée du *Gangnam style* par le chanteur sud-coréen Psy en 2012, l'enlèvement de Serge le Lama et son escapade dans le tramway bordelais en 2013 et le « Non mais allô quoi » de la starlette de téléréalité Nabilla en 2014 ont fait le ***buzz*** ces dernières années.

faire le bu

FAIRE UN
QUI?

RAISONNER / RÉSONNER

Les lettres A, I et S du verbe ***raisonner*** sont devenus les chiffres 4, 1 et 5. Or, pour faire le calcul 4 + 1 = 5, il faut bien savoir raisonner ! Quant à ***résonner***, il s'écrit avec un « É » que l'on retrouve dans le nom *écho*.

Ces deux verbes homophones (de même son) s'écrivent différemment et pour cause, ils n'ont pas la même origine ! ***Raisonner*** vient du latin *rationare,* où l'on reconnaît *ratio* qui a donné « raison ». Le « a » et le « i » étaient donc déjà présents dans la racine latine. *Ratio* désignant la faculté de calculer, notre astuce chiffrée était toute trouvée ! ***Résonner*** est composé du verbe *sonner* auquel on a ajouté le préfixe *ré-*, indiquant le mouvement en retour. Jadis, le verbe s'écrivait *resonner* : c'est sans doute pour éviter la confusion avec « resonner » (sonner à nouveau) que l'accent aigu est apparu.

On écrit « rationnel » mais « rationaliser » (et donc « rationalisme » et « rationaliste »). Quant à l'adjectif relatif à la résonnance, il peut s'écrire « résonnant » ou « résonant » !

RAISONNER

résonner

ECHO

RAT / RAZ

Le museau pointu et les oreilles dressées à l'horizontale tracent le « T » qui termine le nom ***rat***. Pour symboliser le « Z » final de ***raz*** *(de marée)* : le zigzag d'une vague submergeant le rivage. Tous aux abris !

On ne sait pas vraiment d'où vient le nom ***rat***. Est-ce une onomatopée traduisant le bruit que fait ce petit mammifère en rongeant ? Mot breton d'origine scandinave signifiant « courant d'eau », le ***raz*** désigne le passage emprunté par un courant marin violent. Exemple : la pointe du Raz, dans le Finistère, c'est-à-dire « là où finit la terre » ! Un raz de marée (qui peut s'écrire avec ou sans trait d'union) est une vague isolée et très haute qui pénètre profondément dans les terres, généralement à la suite d'un séisme.

Rat et ***raz*** ont un troisième homophone : l'adjectif *ras* dont le « s » est issu du latin *rasus* et qui a donné « raser ». Est *ras* ce qui est très court, rempli jusqu'au bord ou près du sol. C'est le même terme, sous une forme vieillie, qui compose le « rez-de-chaussée ».

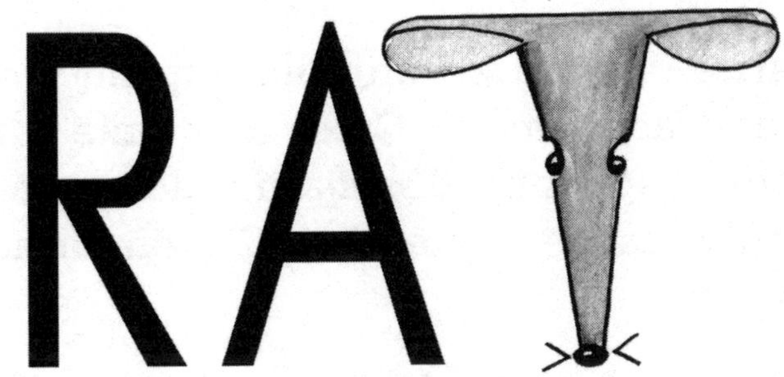
RAT

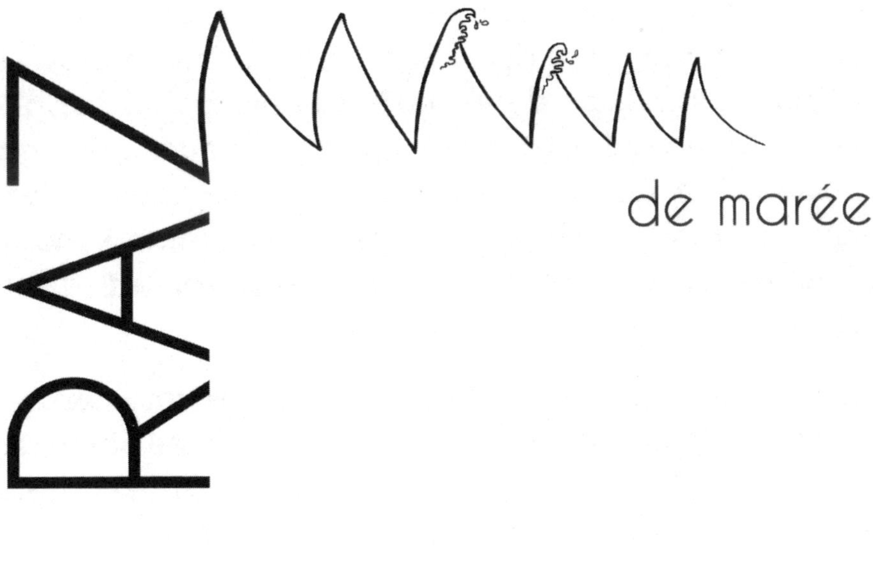
RAZ
de marée

RÉBARBATIF

« La barbe ! » s'écrie-t-on pour exprimer sa lassitude voire son agacement. C'est le même nom qui est à l'origine de l'adjectif ***rébarbatif***. Alors, pour bien le prononcer, on visualise le premier « B » en forme de barbe et le tour est joué.

Quel est le lien entre la barbe et l'ennui ? Quand elle est revêche, rude, hérissée, ou simplement très fournie, une barbe peut avoir quelque chose de repoussant. Cela expliquerait pourquoi les enfants pleurent quand on les assoit sur les genoux du père Noël. Et puis, la barbe, ça pique ! Ce n'est donc pas un hasard si ***rébarbatif*** s'est d'abord appliqué à une personne qui rebute par son apparence. Il faut croire que l'invention du rasoir a rendu cette acception désuète puisqu'on emploie désormais l'adjectif comme synonyme d'« ennuyeux » (une tâche* rébarbative, un discours rébarbatif).

Au XVIIe siècle, ***rébarbatif*** était un barbarisme, terme qui ne vient pas de *barbe*, même s'il est vrai que les barbares en portent parfois ! Cela n'a pas empêché Molière de l'employer dans *Le Bourgeois gentilhomme* (1670) : « *Voilà des mots qui sont trop rébarbatifs.* »

REBARBATIF

RÉFLEXION

Notre capacité de jugement est souvent limitée par le temps ! Pour se souvenir que ***réflexion*** s'écrit avec un « X », on imagine ce dernier comme un sablier.

Comme le verbe *réfléchir*, issu du latin *reflectere*, ***réflexion*** a deux sens : l'un mécanique, l'autre intellectuel. Il désigne d'abord le phénomène par lequel un corps (lumière, son) est renvoyé par un obstacle. De ce sens découle celui de méditation, de retour de la pensée sur elle-même et donc de capacité de réfléchir. À l'instar de connexion*, *réflexion* peut être source d'hésitations. Pourquoi n'a-t-il pas conservé le « C » de « réfléchir » ? Parce que *réflexion* vient directement du nom latin *reflexio*, tout comme connexion est issu de *connexio.*

La ***réflexion***, ce n'est pas tout à fait la même chose que la *réfection*, « action de refaire, de remettre en état » (des travaux de réfection).

une minute de RÉFLEXION

REPAIRE / REPÈRE

Comment ne plus confondre ces deux homonymes ? En faisant marcher son imagination : le ventre du « A » de ***repaire*** abrite un animal sauvage tandis que, sur la carte, le ***repère*** ressemble à un accent grave.

En ancien français, le ***repaire*** désignait le retour au pays et, par métonymie, la demeure, le logis. C'est au XIIe siècle qu'il devient le refuge des bêtes sauvages, d'où, au figuré, celui de malfaiteurs, d'individus dangereux... À l'origine, ***repère*** est le doublet lexical de *repaire*. Comment est-on passé de l'un à l'autre ? Facile : de l'idée de retour à un certain point, on n'a conservé que le point ! C'est ainsi qu'est né l'homonyme *repère*, marque servant à retrouver un élément, par exemple sur une carte (point de repère). Aujourd'hui, les deux mots sont bien distincts.

Lu dans un article publié sur le site de *L'Obs* : « La prestigieuse université Mgimo, repère des futurs diplomates et espions » (novembre 2014).

18
17
19
9
10
8
2
20
1
11
16
7
4
Repere
15
12
14
13

Repaire

RÉUNION / RÉUNION

Avec un « r » minuscule, représenté ici par une grande table qui forme un angle droit, s'écrit le nom ***réunion***. Le « R » majuscule, présent dans (La) ***Réunion***, est symbolisé par l'oiseau emblématique de cette île : le dodo.

On reconnaît dans ***réunion*** le préfixe *ré-*, indiquant la répétition, et le nom *union*. Cette idée d'« unir à nouveau » n'est plus d'actualité : on peut se réunir sans avoir été séparés et sans même se connaître ! Désormais, une réunion est l'action de rassembler des personnes, souvent dans un cadre professionnel. Avec une majuscule, La ***Réunion*** est une île française située dans le sud-ouest de l'océan Indien. D'abord « île Bourbon », elle est nommée en 1793 « île de la Réunion » ou simplement « La Réunion », généralement avec une majuscule à l'article.

« Union » et « oignon » ont la même origine : le latin *unus* qui a donné « un ». En effet, cette plante possède un bulbe unique. À noter que les rectifications orthographiques de 1990 préconisent la graphie *ognon*, qui était en usage au XIIIe siècle.

une réunion

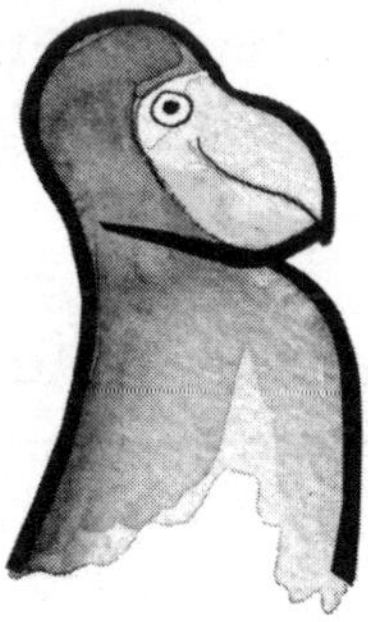

La Réunion

RIZ

Il suffit d'écrire ***riz*** a la verticale pour que le « Z » final devienne le « N » de *nem*. Riz et nem, deux mets asiatiques qui font la paire (de baguettes).

Encore un mot dont l'orthographe a évolué ! En ancien français, ***riz*** s'écrivait *ris,* en référence à son origine italienne *riso* (qui a donné *risotto*). En effet, c'est l'explorateur italien Marco Polo qui, au XIIIe siècle, attesta le nom de cette plante dont on consomme les graines. À noter que c'est l'ancien français *ris* qui est à l'origine de l'anglais *rice* ! Rien de surprenant à cela : 63 % du vocabulaire anglais (soit 37 000 mots) vient du français. Mais revenons à nos moutons : d'où vient ce « z » ? *Riso* étant issu du latin *oryza, ris* est devenu « riz » par relatinisation. De cette manière, on le distingue du « ris », glande située à l'entrée de la poitrine du veau ou de l'agneau, très apprécié des gourmets*.

Il n'est pas rare de lire dans les restaurants et chez les traiteurs asiatiques la petite phrase de bienvenue suivante : *Ici on riz, ici on nem* (Ici on rit, ici on aime).

NEM

RI

SABBATIQUE

Qui n'a jamais rêvé de prendre une année ***sabbatique***, de partir du jour au lendemain ? Mais avant de tout quitter, n'oubliez pas les deux b...onnets de votre maillot de bain !

À l'origine, l'année ***sabbatique*** était la septième année pendant laquelle les juifs laissaient reposer la terre et n'exigeaient pas les créances. Puis au xxe siècle, l'expression a pris le sens de l'anglais *sabbatical year*, année de congé accordée tous les sept ans aux professeurs d'université aux États-Unis, au Canada et enfin dans d'autres pays. En France, on peut solliciter un congé sabbatique (non payé !) de six à onze mois, à condition de justifier de 36 mois d'ancienneté dans l'entreprise et de six années d'activité professionnelle.

Voyager, créer son entreprise, élever ses enfants, mener un projet personnel ou tout simplement se reposer : quelle qu'en soit la raison, l'année ***sabbatique*** est forcément... sympathique !

une année sabbatique

SATYRE

Les deux cornes du ***satyre*** soulignent que c'est avec un « Y » que son nom s'écrit. On se gardera bien de confondre ce personnage avec la satire, qui prend un « I ».

Dans l'Antiquité, *Satyrus* était le nom des compagnons de Bacchus aux oreilles, à la queue et aux pieds de chèvre, avant de devenir un demi-dieu rustique réputé pour sa lascivité, puis, au figuré, un homme débauché, terme aujourd'hui remplacé par « pervers » ou « obsédé ». À ne pas confondre avec la ***satire***, du latin *satira*, « macédoine de légumes », désignant une œuvre qui raille, qui critique vivement quelqu'un ou quelque chose. La satire sociale (critique de la société) est un genre qui s'est particulièrement épanoui en France aux XVIIe et XVIIIe siècles, notamment chez La Fontaine, La Bruyère, Molière ou encore Voltaire.

De nos jours, la confusion entre ***satire*** et ***satyre*** concerne surtout leurs adjectifs respectifs. Ainsi, *satirique* est parfois orthographié « satyrique », ce qui ne manque pas de provoquer un effet comique.

UN SATYRE

SAYNÈTE

Un masque de théâtre joue à cache-cache avec un « Y » afin que plus jamais vous n'improvisiez... l'orthographe de *saynète* !

Le nom ***saynète*** est un emprunt à l'espagnol *sainete*, comédie bouffonne à mi-chemin entre l'opérette et la chanson comique, jouée pendant l'entracte d'une grande pièce dans le théâtre espagnol. Introduite en France au XVIIIe siècle, la saynète s'est muée en une courte pièce comique faisant appel à un petit nombre de personnages. Évoquant une petite scène, *saynète* est souvent travestie en « scénette ». Bas les masques : ce mot n'existe pas ! Une bonne fois pour toutes, faisons l'effort d'apprendre l'orthographe de *saynète* tout en rendant hommage à ses racines hispaniques.

Par son humour et son format court, le sketch est le genre qui se rapproche le plus de la saynète. En France, ce sont des comiques comme Raymond Devos ou Fernand Raynaud qui ont popularisé le sketch dans les années 50 et 60.

Une SAYNÈTE

...n'est pas une petite scène !

SCÈNE

Oh, une étoile filante ! Existe-t-il plus belle scène qu'un ciel nocturne observé au télescope ? Et pour que le tableau soit parfait, un croissant de lune a pris la place du « C » de ***scène***.

Dans l'illustration ci-contre, la ***scène*** désigne, au sens figuré, un événement dont on est spectateur et qui présente une action vive ou un aspect émouvant. Mais ce nom a d'autres acceptions. La scène est à la fois la partie du théâtre où se déroule le jeu des acteurs (autrement dit, les planches) et la partie d'un acte qui s'ouvre lorsqu'un personnage apparaît ou disparaît. Déjà présent dans la racine latine *scena*, le « c » de *scène* est la transformation du « k » du grec *skênê* qui désigne un endroit abrité. Les « scènes ouvertes » viennent-elles contrarier cette étymologie ? Non, puisqu'elles sont accessibles à tous, qu'elles soient couvertes ou en plein air !

Sans « s », *cène* vient du latin *cena*, « souper ». Dans la religion chrétienne, c'est le repas que Jésus a pris avec ses apôtres la veille de sa mort. Léonard de Vinci a immortalisé la scène dans son tableau *La Cène* !

SCENE

SCIENCE

Instrument d'optique utilisé en biologie, un microscope forme le « C » (et le « I ») du nom ***science***.

Placé après le « s », le « c » (muet) permet de distinguer des homophones, notamment les noms *seau* (récipient cylindrique) et *sceau* (cachet officiel) et les adjectifs *septique* (qui produit l'infection) et *sceptique* (qui doute). Certes, ***science*** ne souffre d'aucune concurrence, mais ce n'est pas une raison pour omettre son « c » ! Il est issu de la racine latine *scientia* (connaissance), elle-même tirée du verbe *scire* (savoir). On a coutume de distinguer trois types de sciences : les sciences exactes (les mathématiques, la physique), les sciences expérimentales (la biologie, la médecine…) et les sciences humaines (l'histoire, la langue…).

« Science sans conscience n'est que ruine de l'âme », a écrit Rabelais dans *Pantagruel* (1542). Autrement dit, les effets de la science doivent être confrontés à la morale jadis apportée par la religion.

SCIENCE

SECOURS

Une bouteille contenant un message est échouée sur le sable. Sur le papier, un appel à l'aide. Les lettres S-O-S, qui se détachent du mot, mettent en valeur le « S » final du nom ***secours***.

N'est-on pas tenté d'omettre le dernier « s » à ***secours*** sous prétexte qu'il ne se prononce pas et qu'il est absent du verbe « secourir » ? Si, par le passé, ***secours*** s'est écrit *socors* et *secors*, le « s » a toujours été là ! Il vient de la racine latine *seccursum* qui a donné « succursale », établissement subordonné à un autre (généralement le siège central) afin de le seconder. Autre moyen mnémotechnique pour retenir le « s » final de *secours* : « Je cour**s** à ton secour**s** ! »

Le sigle S.O.S. n'est pas l'abréviation de l'anglais *Save our souls* (Sauvez nos âmes). Il s'agit de la transcription du code morse « trois points, trois traits, trois points » utilisé comme signal de détresse. Ces lettres ont donc été choisies pour leur facilité de transmission et non pour leur signification.

SecOurS

SENS DESSUS DESSOUS

C'est le nom ***sens*** qui entre dans la composition de la locution « sens dessus dessous ». La preuve : le « E » forme la boucle d'une autoroute qu'il est interdit de prendre à contresens !

Voici une belle querelle de grammairiens ! À l'origine, l'expression s'écrivait « *c'en* dessus dessous », par exemple chez Rabelais, ce qui revenait à « mettre dessus *ce* qui était en dessous ». Les uns ont pris *c'en* pour la préposition ***sans***. Vaugelas est un de ceux-là. Il considère que « la confusion est telle, l'ordre est tellement renversé qu'on ne reconnaît plus ce qui devrait être au-dessous » (*Remarques sur la langue française*, 1647). Les autres ont pris *c'en* pour le nom ***sens***. En 1860, Pierre Larousse justifie cette orthographe de la manière suivante : « Ce qui était ou devait être en un sens (dessus) est en *sens* tout contraire (dessous). »

Pourtant contemporain de Larousse, Jules Verne a suivi l'avis de Vaugelas en publiant en 1889 un roman d'anticipation intitulé *Sans dessus dessous*.

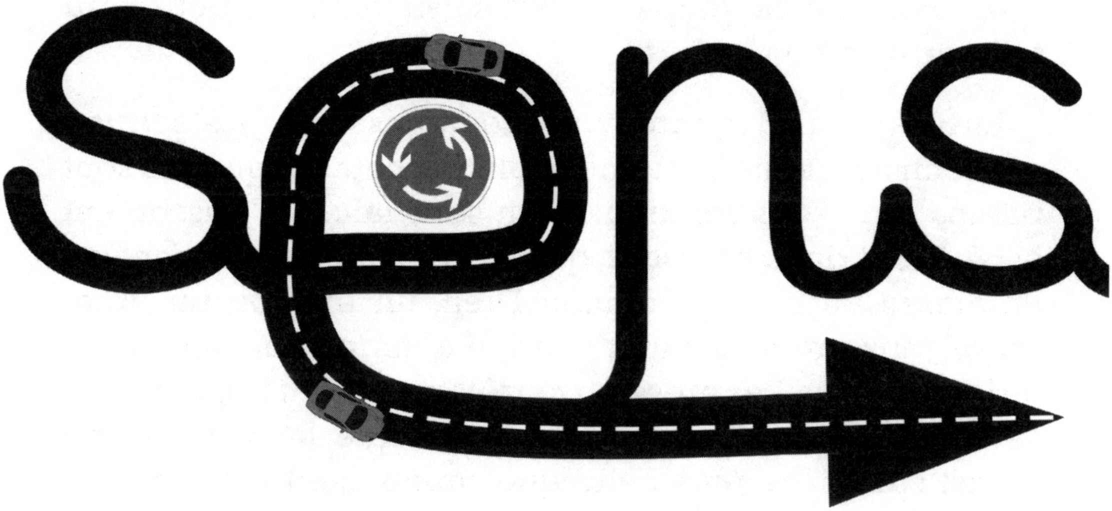

dessus
dessous

SERMON / SERMENT

Pour prêter ***serment***, le futur médecin ***t***end sa main. Pendant ce temps, le curé saisit un micr**o** pour faire son ***sermon*** « o » et fort !

En plus d'être des paronymes, les noms *serment* et *sermon* ont connu presque la même évolution sémantique : ils sont passés d'un sens religieux à un sens laïc. Ce glissement est évident dans ***serment***, qui vient du latin *sacramentum*. Promesse faite en invoquant Dieu, un être ou un objet sacré, puis promesse tout court, il a gagné une acception juridique dans l'expression « prêter serment ». De même, ***sermon***, du latin *sermo*, n'est autre que le discours du Christ sur Terre, puis celui que prononcent les hommes d'Église. Dans le langage courant, le sermon désigne péjorativement un discours moralisant, généralement long et ennuyeux.

Les Serments de Strasbourg, datant du 14 février 842, est le plus ancien document écrit en français. Auparavant, le latin était la langue officielle de l'autel* et du trône.

Le
serment
d'Hippocrate

Le
sermon
du prêtre

SOUFRE

Une allumette suffit à produire une flamme et à dégager de la fumée. Souffrez donc que je mette un seul « F » à ***soufre*** !

Minerai de couleur jaune clair très inflammable, le ***soufre*** dégage en brûlant une odeur suffocante. C'est pourquoi, dans l'Antiquité, l'odeur de soufre était associée au démon. Au figuré, on dit d'un écrit qu'il sent le soufre lorsqu'il semble inspiré par le diable. Avec deux « F », ***souffre*** correspond au verbe « souffrir », dérivé du latin *sufferre*, où *ferre* signifie « porter ». Avant de caractériser une douleur physique ou morale, le verbe a d'abord été synonyme de « supporter » (ne pas souffrir quelqu'un) et de « permettre » dans le style ampoulé : « Souffrez, Madame, que je me mette ici à la place de mon père. » (Molière, *L'Avare*)

Puisqu'en parlant de ***soufre*** on évoque le diable, signalons que le nom « Lucifer » est également formé du verbe *ferre* (porter) auquel on a ajouté le nom *lux* (lumière). Avant de devenir un ange déchu, puis l'incarnation de Satan, Lucifer était le « porteur de lumière ».

une odeur de
soufre

SPATIAL / SPÉCIAL

Prête à décoller vers d'autres cieux, une sonde forme le « T » de l'adjectif ***spatial***. ***Spécial***, lui, s'écrit avec un « C », symbolisé par le pictogramme des personnes à mobilité réduite, lesquelles bénéficient d'un accès spécial.

Le « t » de l'adjectif ***spatial*** était déjà contenu dans la racine latine *spatium* qui signifie « étendue ». Ce premier sens reste présent dans « perception spatiale », par exemple. Depuis que nous explorons l'espace, c'est-à-dire le milieu situé au-delà de l'atmosphère terrestre et dans lequel évoluent les corps célestes, l'adjectif *spatial* se rencontre notamment dans « vol spatial », « navette spatiale », « biologie spatiale », etc. Opposé à « général », ***spécial*** vient du latin *specialis* qui s'écrivait déjà avec un « c ». Il qualifie ce qui est particulier, destiné à une personne, un groupe, une chose : régime spécial, envoyé spécial, accès spécial…

Le nom *espace* est masculin, sauf en typographie, où il désigne le blanc qui sépare deux mots. On doit donc dire « il manque une espace » dans le cas où deux mots sont collés l'un à l'autre sans y être invités.

engin

SPATIAL

accès

SPÉCIAL

SUGGESTION

À la manière d'une vente aux enchères, des ardoises proposent différents prix. L'une d'elles indique 66 €, ce montant suggérant les deux « G » précédant le « E » du nom ***suggestion***. Qui dit mieux ?

Emprunté au latin *suggestio*, le nom ***suggestion*** vient du verbe *suggerir*, formé du préfixe latin *sub-* (sous) et du verbe *gerere* qui a donné « gérer ». La suggestion peut être une idée que l'on fait naître dans l'esprit de quelqu'un, une pensée que l'on suscite. La suggestion, c'est aussi le conseil, ce qui est proposé sans être imposé. À ne pas confondre avec ***sujétion***, état de dépendance, de soumission. Seul point commun avec *suggestion* : le préfixe *sub-* (sous), couplé cette fois-ci au verbe *jacere* (jeter). Littéralement, la sujétion revient à se « jeter sous » quelqu'un ou quelque chose.

N'en déplaise aux Méridionaux, qui mangent volontiers les deux « g » (et le « s » avec !), la prononciation actuelle de ***suggestion***, [sug-gestion], date du XVIIe siècle !

SU
66€
STION
de prix
65€
67€

SÛR

Ce jeune homme a l'air bien sûr de lui ! Mais après tout, on peut se le permettre quand on porte un beau nœud papillon qui souligne l'accent circonflexe sur le « U » de l'adjectif ***sûr***.

Nos ancêtres écrivaient ***sûr*** sans accent circonflexe, mais ce n'est pas une raison pour les imiter ! Dès le XVIe siècle, on a coiffé le « u » d'un chapeau, sans attendre que le mot prenne sa graphie moderne. *Sûr* se rencontrait alors sous les formes *soür* et *seür* où le tréma indiquait la voyelle qu'il fallait prononcer. L'adjectif vient du latin *securus*, composé de *se-* qui marquait jadis la privation et de *cura* (soin, souci). Littéralement donc, « être sûr de soi », c'est être « sans souci ». À ne pas confondre avec la préposition ***sur*** (qui s'écrivait *sore*, *sour* ou *sor* en ancien français), du latin *super* signifiant « au-dessus ».

Sur le modèle des anciennes graphies de ***sûr***, les rectifications orthographiques de 1990 proposent d'ajouter un tréma sur le « u » de « gageure » et d'écrire « gageüre » afin que l'on prononce bien [gajure].

SUR de lui

TÂCHE

Une série de coches, symbole signifiant « j'accepte », valide une noble cause, tandis qu'une dernière coche, à l'envers, coiffe le « A » de ***tâche***.

La logique aurait voulu que ce soit le nom *tâche*, avec son accent, qui désigne une marque. Mais l'histoire en a décidé autrement. En effet, ***tâche*** vient du latin *taxa*, « prestation rurale », qui a également donné « taxe ». Si l'orthographe du mot a varié – il s'est d'abord écrit *tasche*, puis le « S » a cédé la place à l'accent circonflexe sur le « A » – le sens est resté le même. La tâche désigne un travail déterminé que l'on a l'obligation de faire, et plus généralement une conduite, une mission (la tâche d'un policier). Quant à ***tache***, issu du latin *tacca*, il s'applique dès le XIe siècle à une salissure visible, sens qui sera repris neuf siècles plus tard dans les publicités des produits de nettoyage.

Bien entendu, la distinction est également de mise pour les verbes *tacher* et *tâcher* et leurs participes passés.

pour la répartition des taches

TEINTER / TINTER

Teinter ou tinter ? Il y a de quoi s'emmêler les pinceaux ! Dotés tous deux de la fibre artistique, ***teinter*** contient une palette de peinture et ***tinter*** une mailloche habillée de peau.

La même idée relie ces verbes dont le sens diffère : la légèreté ! En musique, ***tinter***, du latin *tinnitare*, « gazouiller », revient à faire sonner lentement une cloche et, par extension, à produire des petits sons comparés à ceux d'une clochette (tinter un verre). En peinture, ***teinter*** signifie « couvrir d'une teinte légère » et au figuré « donner une nuance » (des propos teintés d'ironie).

Ne tombez pas dans le panneau : le verbe *teindre* n'a rien à voir avec le verbe *teinter*. *Teindre* signifie « imprégner d'une substance colorante » et équivaut à « colorer » tandis que ***teinter*** se rapproche de « colorier ». Conjugaison : je teins, tu teins, il teint (teindre) et je teinte, tu teintes, il teinte (teinter).

TEINTER

TINTER

THERMES

Les lettres de ***thermes*** se reflètent dans l'eau d'un bassin. La moitié du « H » présent dans le nom est révélée dans ce reflet afin de ne pas oublier de l'écrire.

Masculin pluriel, le nom ***thermes*** est emprunté, via le latin *thermae*, à la racine grecque *thermos* signifiant « chaud ». En effet, quand vous versez du café dans un « thermos », c'est bien pour en conserver la chaleur ! Dans l'Antiquité romaine, les thermes étaient constitués de bains chauds publics. De nos jours, ils proposent des soins à base d'eau, chaude ou non ! Sans « h », ***terme*** désigne la fin de quelque chose. C'est aussi le synonyme technique de « mot ». Attention, il est au pluriel dans l'expression « en termes de », c'est-à-dire « dans le vocabulaire de ».

Thermes, avec une majuscule, entre dans la composition de noms de stations thermales françaises comme Aix-les-Thermes (Ariège), Barbotan-les-Thermes (Gers) et Encausse-les-Thermes (Haute-Garonne).

THERMES

TRANQUILLITÉ

Un fauteuil confortable, dont les accoudoirs forment deux « L », vous tend les bras... Allez-vous enfin profiter d'un peu de ***tranquillité*** ?

Le nom ***tranquillité*** vient du latin *tranquillitas*, dérivé de *tranquillus* (tranquille). D'origine obscure, le terme pourrait venir de *quies*, *quietis* (repos, calme) qui a donné « quiétude ». La tranquillité a d'abord désigné le calme de la mer puis l'état de ce qui est sans mouvement, surtout dans le domaine des sentiments. Sénèque, philosophe antique, n'a-t-il pas écrit sur la tranquillité de l'âme ? À noter la présence des deux « l » étymologiques dans tous les dérivés : *tranquilliser, tranquillement, tranquillisant* (calmant), *tranquillisation* (plus rare), *tranquillos et tranquillou* (bilou).

Dans son poème *Le Dormeur du Val*, Rimbaud donne de la gravité à la ***tranquillité*** :

Les parfums ne font pas frissonner sa narine ;
Il dort dans le sommeil, la main sur la poitrine,
Tranquille. Il a deux trous rouges au côté droit.

un peu de
TRANQUILLITÉ

VARIÉTÉ

Est-ce un hasard si le nom « été » est contenu dans ***variété*** ? C'est bien sous le soleil estival que mûrissent les abricots. Voilà une bonne raison d'écrire *variété* sans ajouter de « e » !

Issu du latin *varietas* (diversité), venant lui-même de *varius* (varié), le nom ***variété*** désigne, en biologie, les différences qui, au sein d'une même espèce d'animaux ou de plantes, distinguent les individus les uns des autres. Ainsi, le bergeron, l'orangé de Provence, l'orangered, le bergarouge et le rouge du Roussillon sont des variétés d'abricots. *Variété* s'emploie aussi, généralement au pluriel, à propos d'un mélange de genres, qu'ils soient littéraires (les *Variétés* de Paul Valéry), théâtraux (le Théâtre des Variétés) ou musicaux (les émissions de variétés).

Les noms féminins terminés par *-té* ne prennent pas de « e » sauf ceux indiquant un contenu (l'assiettée) et les cinq noms suivants : dictée, jetée, montée, pâtée et portée.

une variété

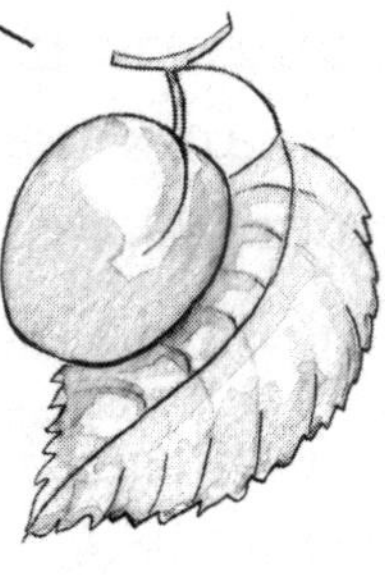

VELOURS

La queue du chat ondule de manière à former le « S » final du nom ***velours***. Ne dit-on pas que le chat a des pattes de velours, et même, depuis qu'il a été le héros d'un film, que c'est un espion aux pattes de velours ?

D'où vient le « s » de ***velours*** ? Du latin *villosus* qui signifie « velu ». En effet, le velours est formé de poils très serrés et dressés. La racine latine est presque intacte dans l'espagnol *velloso* et dans l'italien *villoso*. En français, le nom s'est d'abord écrit *velos*, *velous* et *veloux* : il n'est devenu « velours » que par l'ajout d'un « r » final, sans doute pour éloigner ce tissu, réputé par sa douceur, de son ancêtre « velu ». Au figuré, « faire pattes de velours » signifie « dissimuler une intention de nuire », comme le chat qui rentre ses griffes.

En linguistique, le ***velours*** est une liaison abusive qui consiste à ajouter oralement un « z » là où il n'en faut pas (souvent à la place d'un « t ») : vingt-*z*-enfants, cent-*z*-euros, donne-moi-*z*-en (c'est « donne-m'en » !). Notez que le velours est admis dans l'expression « entre quatre-*z*-yeux ».

L'espion aux pattes de VELOURS

VOIX / VOIE

Le « X » de ***voix*** se voit au dos de l'enveloppe cachetée que dans l'urne on s'apprête à glisser. Le « E » de ***voie*** est fait de trois panneaux indicateurs tous orientés dans la même direction.

Voici deux homophones dont l'origine, et donc l'orthographe, varient. ***Voix*** tire son « X » du nom latin *vox*, de même sens, et désigne le son produit par le larynx humain, permettant de s'exprimer et au sens large… de voter ! ***Voie*** vient de *via* et qualifie un chemin ou une route menant d'un lieu à l'autre. Au figuré, *voie* traduit l'idée de moyen ou d'intermédiaire (voie orale, voie postale). En politique, la *voix* du peuple peut s'exprimer par *voie* référendaire.

Dans la religion catholique, la ***voie*** étroite désigne le chemin du paradis. Pourquoi étroite ? Parce qu'il est difficile d'assurer son salut. À l'inverse, la voie large conduit à l'enfer. À ne pas confondre avec les voies du Seigneur, lesquelles sont impénétrables !

donner sa
VOIX

changer de
VOIE
Marseille 315 km
Lille 695 km
Paris 465 km

VOLATILE

Un oiseau aux ailes déployées dessine le « E » final du nom masculin ***volatile***, qu'on évitera de confondre avec l'adjectif *volatil*, lequel ne prend un « e » qu'au féminin !

Certes, le nom *volatile* et l'adjectif *volatil* ont un ancêtre commun : le verbe latin *volare* qui signifie « voler ». Mais ce n'est pas une raison pour écrire l'un pour l'autre ! Doublet savant de « volaille », le nom ***volatile*** désigne un oiseau de basse-cour et plus largement un animal qui vole. Désormais masculin, il s'employait jadis au féminin. Ainsi, dans sa fable *Les Deux Pigeons* (1678), La Fontaine parle de « la volatile malheureuse ». L'adjectif ***volatil*** (qui fait « volatile » au féminin) qualifie ce qui passe aisément à l'état de gaz ou de vapeur (un liquide volatil) et au sens figuré ce qui est fluctuant, instable (une action volatile).

Contrairement à l'adjectif ***volatil***, « versatile » (qui change souvent d'opinion) prend un « e » final, quel que soit le genre du nom auquel il se rapporte. On dit qu'il est « épicène », c'est-à-dire qu'il a la même forme au masculin et au féminin.

un VOLATILE

ZOOM

Une jeune femme guette quelque chose au loin à l'aide de jumelles dont les lunettes forment les deux « O » du nom ***zoom***.

Zoom est un emprunt à l'anglais *zoom* qui signifie « vrombir ». À l'origine, donc, le nom *zoom* était une onomatopée traduisant un bourdonnement grave et continu. Il a été employé pour la première fois pendant la Première Guerre mondiale à propos d'un avion qui mitraille en piqué ou qui monte en chandelle. Cette origine étant tombée dans les oubliettes, le mot a pu être recyclé au cinéma et dans la photographie. Désormais, il désigne un effet d'éloignement et de rapprochement obtenu au moyen d'un objectif à focale variable. Par extension, le zoom est l'objectif permettant d'obtenir cet effet.

D'autres onomatopées sont devenues des mots : un *froufrou* (bruit léger produit par le froissement d'une étoffe soyeuse), un *coucou* (oiseau nommé ainsi à cause de son cri), l'expression *« de bric et de broc »* (qui n'a rien à voir avec la brique !), etc.

ZOOM

Imprimé en France en juin 2020 par
Laballery
N° d'impression : 006087

ISBN : 978 2 36075 509 7

Dépôt légal : à parution